언어문화로 본 일본사정의 이해

언어문화로 본 일본사정의 이해

천호재

역락

저자서언

 일본사정을 이해하는 데에는 방법론상의 우열이 존재할지는 모르나 크게 세 가지 방법이 있다고 생각한다. 첫째, 과거(의 그 무엇인가)를 통해서 현재의 일본사정을 이해하는 방법이 있고, 둘째, 현재(의 그 무엇인가)를 통해서 현재의 일본사정을 이해하는 방법이다. 예를 들어 신문, 뉴스, 잡지, 인터넷, 트위터, 학술논문, 여행 등을 통해서 일본사정을 직접 혹은 간접으로 이해하는 방법이다. 마지막으로 역사변화의 과정을 통해서 현재의 일본사정을 이해하는 방법이다(예: 죠몬시대(縄文時代)→야요이시대(弥生時代)→고훈시대(古墳時代)→아스카시대(飛鳥時代)→나라시대(奈良時代)→헤이안시대(平安時代)→무로마치시대(室町時代)→아즈치・모모야마시대(安土・桃山時代)→에도시대(江戸時代)→메이지시대(明治時代)→다이쇼시대(大正時代)→쇼와・헤이세이시대(昭和・平成時代)). 즉 어떠한 역사적 변천을 거쳐 현재의 일본이 성립했는가를 구체적으로 혹은 개괄적으로 살펴봄으로써 일본사정을 이해하는 방법이다. 이러한 연구 방식은 통시론적 연구 방식으로 역사 교과서의 집필 방식은 바로 이러한 방식을 채용한 것이라고 할 수 있다.

 본서는 이 가운데 첫 번째 방법과 두 번째 방법을 통하여 일본사정을 이해하고자 한다. 제1장에서 제7장까지는 두 번째 방법에 해당하며, 제8장은 첫 번째 방법에 해당하는 것이다. 제1장에서는 자종(한자, 히라가나, 알파벳, 숫자)을 통해 J-POP 가수명과 제목의 표기 상태를 살펴보고자 한다. 자종을 통해 현재 많은 인기를 얻고 있는 가수명과 곡명의 표기 상태를 들여다봄으로써 표기 자종에서 드러난 일본인들의 의식을 살펴볼 것이다. 제2장에서는 일본영화를 장르별로 분류하고 특정 장르에 속한 영화 제목 자종을 살펴봄으로써 장르별 표기 자종으로 드러난 일본인들의 언어생활을 규명해나가고자 한다. 제3장에서는 일본의 주요 백화점에 입점한 점포명의 자종을 분석함으로써 특정 업종에 대한 일본인들의 언어생활을 살펴보고자 한다. 제4장에서는 외래어에 대한 일본인들의 문제의식을 들여다보고, 외래어가 일본인들의 의사소통에 있어 구체적으로 어떠한 작용을 하는지를 살펴보고자 한다. 제5장에서는 도쿄도 JR역명이 된 지명의 어원을 통해 일본인들의 일상생활에 깊이 뿌리내린 지명문화를 들여다보고자 한다. 제6장에서는 오야지개그를 한국의 아재개그와 비교함으로써 일본인들의 일상에 뿌리내린 언어문화적 감각을 살펴볼 것이다. 제7장에서는 패러디라는 관점으로 일본 음식문화의 다양성을 살펴볼 것이다. 제8장에서는 민담이 과거의 일시점에서 종료되거나 소멸됨이 없이 현재의 일본사회에 수용되는 양상을 살펴볼 것이다. 그리고 민담이 일본사정을 이해하는 데에 어떠한 역할을 할 수 있는지 살펴볼 것이다.

본서의 내용은 제3장, 제4장을 제외하고는 신규로 작성한 것이다. 제3장과 제4장은 기존의 학술지에 발표한 내용을 약간 수정하였으나 전체적인 내용은 기존의 학술지에 발표한 것과 거의 동일하다. 제6장은 기존의 학술지에 발표한 내용에 한국어 아재개그를 비교한 것이기에 신규 작성한 것으로 간주한다.

본서는 일본사정을 언어문화적 관점에서 본 나름 독창적인 시점으로 쓴 책이라고 할 수 있다. 이러한 본서의 가치가 세상에 빛을 발할 수 있었던 것은 도서출판 역락의 이대현 사장님과 박태훈 부장님의 덕분이다. 그리고 원고의 정리에서 편집에 이르기까지 많은 수고를 해주신 고나희 님, 디자인 작업에 힘써 주신 이홍주 님에게 진심으로 감사를 드린다.

2016.08

천호재

차 례

제1장
J-POP 가수명과 제목명의 표기
자종으로 본 일본사회

본장에서는 일본 J-POP 가수명과 곡명 표기에 나타난 일본인들의 언어생활을 살펴보고자 한다. 즉 일본사회의 구성원들(청년들) 사이에서 인기 J-POP 가수명과 그들이 부른 곡명이 구체적으로 어떠한 자종으로 표기되는지를 살펴보고자 한다.

이를 위해 본장에서는 일본음악 J-POP명곡집(邦楽ランキング Jポップ名曲集)[1]에 수록된 100곡을 선정하였다. 선정 이유는 이들 100곡이 모두 최신곡(2014년-2016년)이며 그에 따라 현재 일본 청년들 사이에서 요구되는 트렌드 성향을 잘 알 수 있다고 판단하였기 때문이다. 가수명과 곡명을 소개하면 다음과 같다.

1) 산다이메(三代目) J Soul Brothers from EXILE TRIBE 「R.Y.U.S.E.I.」
2) 게쓰메이시(ケツメイシ) 눈물이여 안녕(「さらば涙」)
3) 니시노카나(西野カナ) 취급설명서(「トリセツ」)
4) 산다이메(三代目) J Soul Brothers from EXILE TRIBE 「Feel So Alive」

---

1) https://www.youtube.com/playlist?list=PLH8SlvExlZpESVwF5uiYLVKI9NCQTSlHO (2016.03-04)에서 인용하였다.

5) Perfume「FLASH」

6) 게스노 기와미 오토메(ゲスの極み乙女) 양쪽 모두 벌을 받으면 되잖아(「両成敗でいいじゃない」)

7) EXILE ATSUSHI「No more」

8) AKB48 넌 멜로디(「君はメロディ」)

9) GReeeeN「夢」

10) 우라시마타로(浦島太郎/桐谷健太) 바다의 목소리(「海の声」)

11) 산다이메(三代目) J Soul Brothers from EXILE TRIBE「Unfair World」

12) BUMP OF CHICKEN「Butterfly」

13) back number 히로인(「ヒロイン」)

14) E-girls「DANCE WITH ME NOW!」

15) 구라키마이(倉木麻衣)「Serendipity」

16) 산다이메(三代目) J Soul Brothers from EXILE TRIBE「Summer Madness feat. Afrojack」

17) 데시마 아오이(手嶌葵) 내일을 향해 부치는 편지(「明日への手紙」)

18) e-girls「Mr.Snowman」

19) Happiness「Holiday」

20) 게스노 기와미 오토메(ゲスの極み乙女) 어른스러움(「オトナチック」)

21) 아무로 나미에(安室奈美恵)「New Single「Red Carpet」

22) SEKAI NO OWARI「ANTI-HERO」

23) E-girls「Highschool ♡ love」

24) chay 당신을 사랑해 보았어요(「あなたに恋をしてみました」)

25) 세넬(シェネル)「Happiness」

26) AAA「Wake up!」

27) 게스노 기와미 오토메(ゲスの極み乙女) 너와 나의 평행선(「パラレルスペック」)

28) ONE OK ROCK「Cry out」

29) 게스노 기와미 오토메(ゲスの極み乙女) 엽기적인 키스를 나에게(「猟奇的なキスを私にして」)

30) 캬리파뮤파뮤(きゃりーぱみゅぱみゅ/kyary pamyu pamyu)
꿈의 시작(「ゆめのはじまりんりん」)「Yumeno Hajima Ring Ring」

31) EXILE TRIBE 「24WORLD」

32) E-girls 「Diamond Only」

33) 「NMB48」 도리안 소년(ドリアン少年)

34) 니시노카나(西野カナ) 「Darling」

35) E-girls 「Anniversary!!」

36) SEKAI NO OWARI 스노 매직 판타지(「スノーマジックファンタジー」)

37) AKB48 할로윈 나이트(「ハロウィン・ナイト」)

38) 게스노 기와미 오토메(ゲスの極み乙女) 나는 나야(「私以外私じゃない
の」)

39) 시나링고(椎名林檎) 「ＮＩＰＰＯＮ」

40) 니시노카나(西野カナ) 네가 좋아(「好き」)

41) AAA 이별을 앞두고(「さよならの前に」)

42) 하타모토 히로(秦基博) 해바라기의 약속(「ひまわりの約束」)

43) EXILE 「NEW HORIZON」

44) SEKAI NO OWARI 불꽃과 숲의 카니발(「炎と森のカーニバル」)

45) 니시노카나(西野カナ) 만약에 운명의 사람이 나타난다면(「もしも運命
の人がいるのなら」)

46) 산다이메(三代目) J Soul Brothers from EXILE TRIBE 「STORM
RIDERS feat」

47) BUMP OF CHICKEN 「Hello, world!」

48) 마쓰타카코(松たか子) 렛잇고・있는 그대로(「レット・イット・ゴー ～
ありのままで～」)

49) GENERATIONS from EXILE TRIBE 「NEVER LET YOU GO」

50) GENERATIONS from EXILE TRIBE 「Sing it Loud」

51) Flower 잘 가, 앨리스(「さよなら、アリス」)

52) AAA 「Lil' Infinity」

53) EXILE TRIBE 「THE REVOLUTION」

54) Superfly 「Beautiful」

55) 니시노카나(西野カナ) 「We Don't Stop」

56) 크리스 하트(クリス・ハート) 「 I LOVE YOU」

57) 캬리파뮤파뮤(きゃりーぱみゅぱみゅ) 눈부신 킬러(「きらきらキラー」)
    Kyary Pamyu Pamyu 「Kira Kira Killer」

58) EXILE 「DANCE INTO FANTASY」

59) 쇼난노카제(湘南乃風) 퍼즐(「パズル」)

60) 유즈(ゆず) 「OLA!!」

61) Flower 「Blue Sky Blue」

62) whiteeeen 사랑의 노래(「愛唄~since 2007~」)

63) 「NMB48」 이비사가루(イビサガール)

64) 아야카(絢香) Ayaka 무지개색(「にじいろ」)

65) 아무로 나미에(安室奈美恵) 「TSUKI」

66) EXILE TAKAHIRO 「Love Story」

67) AKB48 마음의 플래카드(「心のプラカード」)

68) 니시우치 마리야(西内まりや) 고마워 영원히(「ありがとうForever...」)

69) chay 「Twinkle Days」

70) 캬리파뮤파뮤(きゃりーぱみゅぱみゅ) 문제 소녀(「もんだいガール」)
    kyary pamyu pamyu 「Mondai Girl」

71) 사잔올스타즈(サザンオールスターズ) 도쿄 빅토리(「東京VICTORY」)

72) SEKAI NO OWARI 「Dragon Night」

73) 니시우치 마리야(西内まりや) 「LOVE EVOLUTION」

74) Perfume 「Pick Me Up」

75) miwa 「360°」

76) 가토 미리야(加藤ミリヤ) 「YOU... feat. 仲宗根泉(HY)」

77) AKB48 우리들은 싸우지 않아(「僕たちは戦わない」)

78) 모닝무스메(モーニング娘'14) 「TIKI BUN」

79) 이키모노가카리(いきものがかり) 러브송은 멈추지 않아(「ラブソングは
とまらないよ」)

80) MINMI 사랑해 버리고 싶어(「ヤッチャイタイ」)

81) 포르노그래피티(ポルノグラフィティ) 오! 라이벌(「オー！リバル」)

82) 나오토·인티라이미(ナオト·インティライミ) 언제가 꼭(「いつかきっと」)

83) UVERworld 나의 말이 아니야, 이것은 우리들의 말이야(「僕の言葉で
はない　これは僕達の言葉」)

84) 게쓰메이시(ケツメイシ) 캘리포니아(「カリフォルニー」)

85) 가토 미리야×시미즈 쇼타(加藤ミリヤ×清水翔太) (「Sakura Melody」)

86) JUJU 「PLAYBACK」

87) 고리키 아야메(剛力彩芽) 분하지만 소중한 사람(「くやしいけど大事な人」)

88) 사잔 올스타즈(サザンオールスターズ) 알로에(「アロエ」)

89) 고루덴 봄바(ゴールデンボンバー) 백한 번째의 저주(「101回目の呪い」)

90) 게쓰메이시(ケツメイシ) 「RHYTHM OF THE SUN」

91) 덴바구미(でんぱ組.inc) 수고했어요(「おつかれサマー！」)

92) Official 버블(「バブル」)

93) 아무로 나미에(安室奈美恵) 「Birthday」

94) 아오이 에이루(藍井エイル) 신비의 돌(「ラピスラズリ」)

95) Crystal Kay 네가 있었으니까(「君がいたから」)

96) chay 「Summer Darling」

97) 하마사키 아유미(浜崎あゆみ) 「The GIFT」

98) 하마사키 아유미(浜崎あゆみ) 「Last minute」

99) B'z 너무 기뻐(「有頂天」)

100) PLAYING PV 「DJ U ME」

이상, J-POP 가수명과 100곡의 곡명을 소개하였는데, 100곡이라고 해서 100명의 가수가 불렀다는 것은 아니다. 예를 들어 하마사키 아유미(浜崎あゆみ)와 같이 복수 제시된 경우가 있다.

1.1 자종 분석의 기준 및 선행연구

J-POP 가수명과 곡명 표기 자종을 분석하기 전에 1.1절에서는 표기 자종을 분석하기 위한 기준을 제시하고자 한다. 이하에 제시하는 기준(숫자형 자종은 필자가 제시한 것임)과 예는 모두 진노우치(陣内2007:60~61)와 천호재(2014d)에서 인용한 것임을 밝혀둔다.

먼저 한자가나형이다. 이것은 가타카나 외래어, 알파벳어를 포함하지 않은, 한자나 히라가나로 표기된 것이다. 예를 들어 시간아, 멈춰라(時計をとめて), 야기리 나루터(矢切りの渡し), 이시카리 애도가(石狩挽歌), 스물 두 살의 이별(22才の別れ) 등을 들 수 있다. 둘째, 가타카나형이다. 이것은 외래어를 하나라도 포함하고, 알파벳을 포함하지 않은 것이다. 예를 들면 별밤의 디스턴스(星空のディスタンス), 바체라 걸(バチェラー・ガール), 루즈가 전하는 말(ルージュの伝言) 등을 들 수 있다. 마지막으로 알파벳형은 알파벳을 한 글자라도 포함하는 것으로 SOS, 우리 사랑을 해요. 예! 예!(SOS, 恋をしようよ. Yeah!Yeah!), 질투(Jealousy~ジェラシー~) 등의 예를 들 수 있다.

진노우치(陣内正敬2007)는 전후 50년간(1945-1995)의 노래 히트곡(2,666곡) 제목에 나타난 자종을 분석한 결과, 전후 직후 약 80%였던 한자가나형의 가

요곡명이 90년대에 들어서 40％로 감소하였으며, 반대로 알파벳형은 전후 직후 0％였던 것이 90년대에 들어서서는 40％로 증가한 것으로 나타났다. 그리고 가타카나형은 전후 직후 20%였던 것이 70, 80년대에는 30％로 증가하였다가 다시 15％로 감소하는 불규칙한 양상을 보인 것으로 나타났다.

진노우치(陣内正敬2007)는 또한, J-POP 싱글 세일즈 TOP100(2004년)에 들어간 곡명의 자종을 살펴본 결과, 눈을 감아요(瞳をとじて)와 같은 한자가나형이 40%, 가타카나형은 20%, Sign, Jupiter와 같은 알파벳형은 40%를 차지하는 것으로 밝혀졌다.

마지막으로 1965년-2000년 사이에 방영된 텔레비전 방송국(NHK, TBS, 후지텔레비전(フジテレビ), 텔레비전 아사히(テレビ朝日), 일본 텔레비전(日本テレビ)) 전체 프로그램명의 자종 표기의 경향이 밝혀졌다. 우선 알파벳형이 점진적으로 증가하였으며(0%→10%), 가타카나형은 점진적인 증감 현상을 보인 것으로 나타났다(45%-60%-45%-50%, 이들 4개의 수치는 1965년-2000년을 필자가 4등분한 것이다. 이하 동일함.). 또, 한자가나형도 감소 및 점진적인 증가를 보인 것으로 나타났다(55%-30%-40%-38%). 분야별로는 보도(30%(한자가나형))-50%(가나가나형)-20%(알파벳형), 교육·교양(70%-25%-5%), 실용(70%-28%-2%), 음악(30%-60%-10%), 버라이어티((30%-60%-10%), 스토리(50%-48%-2%), 스포츠(10%-88%-2%) 등의 수치에서 보듯 다양한 자종 사용 양상이 확인되었다.

진노우치(陣内2007)의 자종 분석은 일본인들의 자종 의식에 대한 변화를 시대별로 읽을 수 있다는 점에서 매우 의미 있는 연구로 평가된다.

그러나 진노우치(陣内2007)의 연구에서 느껴지는 한 가지 아쉬운 점은 그가 통시적으로만 자종 변화의 추이를 고찰하였다는 점이다. 통시적인 자종 표기 양상을 아는 것도 중요하지만, 공시적인 자종 표기 양상을 아는 것도 현재의 일본사정을 이해하는 데에 매우 중요하기 때문이다.

본서에서는 진노우치(陣内 2007:60-61)가 제시한 자종 분석 기준을 어느 정도 따르고 있기는 하다. 하지만 진노우치(陣内 2007)는 어종(한어, 순수 일본어, 외래어)과 자종(한자, 히라가나, 가타카나)을 구별하지 않는 반면에, 본서에서는 어종은 전혀 고려하지 않고 순수하게 자종에만 초점을 두고 분석을 하였다는 점에서 서로 구별된다. 즉 진노우치(陣内2007)는 한어가 한자로, 순수 일본어는 히라가나로, 외래어는 가타카나로 표기되는 것에 대한 의구심은 전혀 가지지 않는 반면에, 본서에서는 한어(순수 일본어, 외래어)가 반드시 한자(히라가나, 가타카나)로 표기되지 않는 경우도 있다. 이러한 이면에는 일본인들의 문자(표기)에 대한 특별한 의식이 내재되어 있다는 것을 단적으로 시사하는 것이다.

본서에서는 이상 제시한 자종들 외에 아라비아(로마) 숫자형의 자종을 추가하고자 한다. 숫자가 하나라도 포함되어 있거나 숫자만으로 표기되어 있으면 숫자형 자종으로 간주한다. 예를 들면 프링그루1815(プリングル 1815), 23区를 들 수 있는데, 이들 예에 보이는 숫자에 의미가 내포되었다면(당연히 의미가 내포되었겠지만), 한자가나형, 가타카나형, 알파벳형과 더불어 숫자형을 자종 분석 기준으로 인정할 충분한 근거는 충분히 있다고 생각된다.

1.2 J-POP 가수명의 표기 자종 분석

J-POP 가수명 표기를 살펴본 결과 다음 <표1>과 같은 수치를 얻을 수 있었다.

〈표1〉 J-POP 가수명 표기 자종

한자가나형	가타카나형	알파벳형	아라비아숫자형	전체
18%	25%	52%	5%	100%

　〈표1〉을 보면 알파벳형이 52%로 가장 많고, 가타카나형이 25%, 한자가나형이 18%, 아라비아숫자형이 5%로 각각 그 뒤를 잇고 있는 것을 알 수 있다. 그러면 이하의 절에서는 〈표1〉에 제시한 순서로 J-POP 가수명 표기 자종을 살펴보기로 한다.

　먼저 한자가나형은 18%로 나타났다. 예를 들면 우라시마 타로(浦島太郎), 아오키 마이(倉木麻衣), 데시마 아오이(手嶌葵), 아무로 나오미(安室奈美恵), 시이나 링고(椎名林檎), 하타모토히로(秦基博), 쇼난노 카제(湘南乃風), 고리키 아야메(剛力彩芽)와 같이 순수한 한자로 표기된 가수명이 있는가 하면, 캬리파뮤파뮤(きゃりーぱみゅぱみゅ), 마쓰타카코(松たか子), 유즈(ゆず), 니시우치 마리야(西内まりや), 이키모노 가카리(いきものがかり), 하마사키 아유미(浜崎あゆみ)와 같이 히라가나, 그리고 한자와 히라가나가 병기된 경우도 있었다.

　둘째, 가타카나형은 25%를 차지하는 것으로 나타났다. 예를 들어, 포르노 그래피티(ポルノグラフィティ), 나오토・인티라이미(ナオト・インティライミ), 게쓰메이시(ケツメイシ), 세넬(シェネル), 크리스・하트(クリス・ハート), 사잔 올스타즈(サザンオールスターズ), 고르덴 봄바(ゴールデンボンバー), 이비사 가루(イビサガール)와 같이 순수하게 가타카나로만 표기된 경우도 있었지만 니시노 카나(西野カナ), 게스노 기와미 오토메(ゲスの極み乙女), 가토 미리야(加藤ミリヤ), 아오이 에이루(藍井エイル)와 같이 한자와 가타카나가 병기된 경우도 있었다.

알파벳형은 52%로 가장 많은 수치를 보였다. 예를 들면 D.J U-Me, BUMP OF CHICKEN, back number, Happiness, chay, AAA, EXILE, Perfume, e-girls, SEKAINO OWARI, ONE OK, ROCK, EXILE TRIBE, GENERATIONS from EXILE TRIBE, Flower, Superfly, Kyary Pamyu Pamyu, whiteeen, miwa, UVERworld, JUJU, Crystal Kay, B'z 등에서 보듯 순수한 알파벳으로 표기된 경우가 대부분인 반면에, 간혹 산다이메(三代目) J Soul Brothers from EXILE TRIBE, 아야카(絢香) Ayaka, 덴파구미(でんぱ組.)inc, NMB48과 같이 한자와 알파벳이 병기된 경우도 확인되었다.

마지막으로 아라비아숫자형 자종은 5%로 가장 낮게 나타났다. AKB48, 모닝 무스메(モーニング娘'14)와 같은 예를 들 수 있다.

알파벳 자종이 J-POP 가수명 표기를 위해 가장 많이 사용되었다는 것은 결코 우연이 아닌 것으로 보인다. 그것은 기존의 일본 음악과는 구별되는 참신한 음악적 세계를 지향하고자 하는 의도가 들어가 있기 때문으로 생각된다.

가타카나 자종도 많은 수치를 차지하기는 하지만, 알파벳형 자종에는 한참 못 미친다. 참신한 이미지 구축을 위해 가타카나형 자종이 사용되는 것이 일반적이지만, 이례적으로 J-POP세계에서만큼은 알파벳형 자종이 월등하게 대세를 이룬다(제2장 참조).

또 한 가지 특징적인 것은 비록 그 수가 적기는 하지만, 우라시마 타로(浦島太郎), 구라키 마이(倉木麻衣), 데시마 아오이(手嶌葵), 아무로 나미에(安室奈美恵), 시나링고(椎名林檎), 하타 모토히로(秦基博), 쇼난노카제(湘南乃風), 고리키 아야메(剛力彩芽)에서 보듯 최신 트렌드를 지향하는 J-POP세계에서 한자가나형의 자종을 고수하는 가수도 존재한다는 점이다. 50년 전만해도 일본의 가수가 가타카나형이나 알파벳형의 자종으로 자신들의 이름을 표기한다는 것은 상상할 수도 없는 일이었을 것이다. 그런데 이들 가수는 50년 전 혹은 그 이전의 가수들이 자신들의 가수명을 한자로 표기한 관습을 그대로 따르고 있는 것이다. 격변하는 트렌드 속에서도 일본인으로서의 정통성을 표방하고 당당히 가수활동에 임하는 개념 있는 가수들일 것이라 추측해본다.

1.3 J-POP 곡목 표기 자종 분석

J-POP 곡목 표기 자종을 살펴본 결과 다음의 <표2>와 같은 수치를 얻을 수 있었다.

<표2> J-POP 곡목 표기 자종

	한자가나형	가타카나형	알파벳형	아라비아숫자형	전체
가수명	16%	23%	55%	6%	100%
곡명	18%	25%	52%	5%	100%
진노우치	40%	20%	40%	-	100%

역시 알파벳형이 52%로 가장 많았고, 가타카나형이 25%, 한자가나형이 18%, 아라비아숫자형이 5%로 각각 그 뒤를 이었다. 가수명과 비교하면 약간의 차이는 있지만 알파벳형이 가장 많고 가타카나형, 한자가나형, 아라비아숫자형이 그 뒤를 잇고 있다는 점에서 공통점이 확인된다. 그리고 진노우치가 분석한 J-POP곡명(2004) 표기 자종과 비교하면 큰 폭의 차이가 나는 것을 볼 수 있다. 어쨌든 영미문화권에 속하지 않은 일본에서

가수명과 곡명 표기로 알파벳형이 압도적인 우위를 차지한다는 점은 매우 이채롭다.

한자가나형은 18%로 나타났는데, 구체적인 예를 들면 양쪽 모두 벌을 받으면 되잖아(両成敗でいいじゃない), 꿈(夢), 바다의 목소리(海の声), 내일을 향해 보내는 편지(明日への手紙), 당신을 사랑해 보았어요(あなたに恋をしてみました), 꿈의 시작(ゆめのはじまりんりん), 나는 나야(私以外私じゃないの), 네가 좋아(好き), 너무 기뻐(有頂天), 네가 있었으니까(君がいたから), 분하지만 소중한 사람(くやしいけど大事な人), 나의 말이 아니야-이것은 우리들의 말이야(僕の言葉ではない−これは僕達の言葉), 언젠가 꼭(いつかきっと), 우리들은 싸우지 않아(僕たちは戦わない), 무지개색(にじいろ), 눈부신 킬러(きらきらキラー), 만약 운명의 사람이 나타나면(もしも運命の人がいるのなら), 해바라기의 약속(ひまわりの約束), 이별을 앞두고(さよならの前に) 등을 들 수 있다. 대부분 한자와 히라가나가 병기된 형태를 취하는 것을 볼 수 있다.

그다음으로 가타카나형은 25%를 차지하는 것으로 확인되었다. 예를 들면 취급설명서(トリセツ), 너는 멜로디(君はメロディ), 히로인(ヒロイン), 어른스러워(オトナチック), 너와 나의 평행선(パラレルスペック), 엽기적인 키스를 나에게(猟奇的なキスを私にして), 스노 매직 판타지(スノーマジックファンタジー), 할로윈 나이트(ハロウィン・ナイト), 신비의 돌(ラピスラズリ), 버블(バブル), 수고했어요(おつかれサマー！), 알로에(アロエ), 캘리포니아(カリフォルニー), 오! 라이벌(オー！リバル), 러브송은 멈추지 않아(ラブソングはとまらないよ), 사랑해 버리고 싶어(ヤッチャイタイ), 문제 소녀(もんだいガール), 마음의 플래카드(心のプラカード), 퍼즐(パズル), 잘 가 앨리스(さよならアリス), 렛잇고(レット・イット・ゴーありのままで), 불꽃과 숲의 카니발(炎と森のカーニバル) 등을 들 수 있다. 너는 멜로디(君はメロディ), 엽기적인 키스를 나에게(猟奇的なキスを私にして), 불꽃과 숲의 카니발(炎と森のカーニバル)와 같이 한자와 가타카나가 병기된 것도 있고, 할로인 나이트(ハロウィン・ナイト)와 같이 가타카나로만 표기된 것도 있다. 수고했어요!(おつかれサマー!)의 사마(サマー)는 영어의 summer와 동음어인 것이 이채롭다. 그리고 취급설명서(トリセツ)는 외래어가 아니라 도리아쓰카이세쓰메이쇼(取扱説明書), 도리안 쇼넨(ドリアン少年)의 준말이라는 점도 매우 이채롭다.

알파벳형의 자종은 모두 52%를 차지하는 것으로 나타났다. 예를 들면 R.Y.U.S.E.I., PLAYING, Feel So Alive, FLASH, No more, Unfair World, Butterfly, DANCE WITH ME NOW!, Serendipity, Summer Madness feat. Afrojack, Mr.Snowman, Holiday, Red Carpet, ANTI-HERO, Highschool ♡ love, Happiness, Wake up!, Cry out, Yumeno Hajima Ring Ring, Diamond Only, NMB48, Darling, Anniversary!!, NIPPON, Last minute, The GIFT, Summer Darling, Birthday, RHYTHM OF THE SUN, PLAYBACK, Sakura Melody, TIKI BUN, YOU.... 仲宗根泉, Pick Me Up, LOVE EVOLUTION, Dragon Night, 東京VICTORY, Mondai Girl, Twinkle Days, 고마워 영원히 (ありがとうForever...), Love Story, TSUKI, 사랑의 노래(愛唄)~since 2007~, Blue Sky Blue, OLA!!, DANCE INTO FANTASY, Kira Kira Killer, I LOVE YOU, We Don't Stop, Beautiful, THE REVOLUTION, Lil' Infinity, Sing it Loud, NEVER LET YOU GO, Hello, world!, STORM RIDERS feat, NEW HORIZON 등을 들 수 있다.

대부분 알파벳 자종이 주를 이루는데, 고마워 영원히(ありがとうForever...) 와 히라가나와 알파벳 자종이 병기된 경우, 도쿄 빅토리(東京VICTORY)와 같이 한자와 알파벳이 병기된 경우가 확인된다. NIPPON이나 Mondai Girl의 Mondai와 같이 한어가 알파벳으로 표기된 경우도 보인다.

아라비아숫자형 자종은 모두 5%로 나타났다. 예를 들면 24WORLD, 101回目の呪い, 360° 등을 들 수 있다.

1.4 맺음말

1.3절에서 살펴본 바와 같이 J-POP 가수명과 곡명 표기로 알파벳형이 가장 많았으며 가타카나형과 한자가나형이 각각 그 뒤를 이었다. 진노우치(陣内 2007:6-8)에 의하면 메이지유신 초기 수많은 외국어가 일본어에 들어왔을 때, 당시의 일본에서는 번역주의와 가타카나주의를 취했다고 한다. 그러나 시간이 흐르면서 점차 가타카나주의로 방향이 전환되었다고 하는데, 예를 들면 영어의 company에 대응하는 会社라는 단어는 번역주의에 의해 생겨난 것이고, 콤파니(company, コンパニー)라는 단어는 가타카나주의에 의해 생겨난 단어라는 것이다. 그런데 전자의 한어보다 후자의 가타카나어가 세력을 떨치게 된 이면에는 가타카나어가 번역어보다 세련되고, 매력적이고, 새롭고, 신선한 것이라는 군중의 심리가 작용했기 때문이라는 것이다(이를 보석상자 효과라고 하는데, 제3장에서 상술하도록 하겠다.). 이러한 관점에서 볼 때, J-POP 가수명과 곡명 표기에서 알파벳형이 차지하는 비중이 압도적으로 높은 이유는 알파벳어가 가타카나어에 비해 세련되고, 매력적이고, 새롭고, 신선하다는 심리(팬심)가 상호작용(가수↔팬)했기 때문인 것으로 생각할 수 있다.

제2장
일본영화 제목 표기 자종으로 본 일본사회

제1장에서 우리는 가타카나형보다 알파벳형이 J-POP 가수명과 곡명 표기에서 많이 사용되는 이유가 가타카나형보다 알파벳형의 자종이 세련되고, 신선하고, 매력적이라는 심리가 작용하여 생긴 결과일 가능성이 있기 때문인 것으로 보았다.

제2장에서는 일본영화 제목 표기에서는 영화 장르별로 어떠한 자종이 우세를 보이는지, 특정한 자종이 표기되는 특정 장르에 대해 일본인들의 어떠한 심리가 작용하는지를 살펴보도록 하겠다.

본서에서는 일본영화를 가족영화, 액션영화, 공포영화, 스릴러영화, 코미디영화, 로맨스(멜로)영화, 어드벤처영화, SF영화, 다큐멘터리영화, 미스터리영화, 범죄영화, 시대극, 애니메이션영화, 판타지영화로 분류하고 장르별로 어떠한 자종이 사용되는지를 살펴보고자 한다. 이하에서 제시하는 영화제목은 모두 구글(2015.05-06)에서 검색한 것으로 2000년 이후의 영화만을 선정하였다(영화의 장르 분류는 필자가 한 것임).

2.1 가족영화 제목과 자종

먼저 가족영화로 스위트 댄스 프린세스(スウィーツダンスプリンセス2012), 쾌걸 조로 대모험!(かいけつゾロ리だ ・だ・だ・だいぼうけん!2012), 그린게이블즈로 가는 길(グリーンゲーブルズへの道2010), 아토베가 준 선물(跡部からの贈り物2005), 모모에게 보내는 편지(ももへの手紙2011), 개와 나의 10가지 약속(犬と私の10の約束2008), 용기의 멜로디(勇気のメロディ2010), 우리집 정열 초능력 엄마 대폭주(あたしンち情熱のちょ～超能力♪母大暴走!2010), 화장실(トイレット2010), 논짱의 김밥 도시락(のんちゃんのり弁2009), 걸어도 걸어도(歩いても歩いても2008)를 들 수 있다. 이들 제목을 표기한 자종을 정리하면 <표1>과 같다.

〈표1〉 가족영화 제목 표기 자종

	한자가나형	가타카나형	알파벳형	아라비아숫자형	전체
가족영화	41%	50%	0%	8%	100%

한자가나형은 41%, 가타카나형은 50%를 차지하였다. 알파벳형은 단 1개의 예도 확인되지 않았으며, 아라비아숫자형은 8%를 차지하는 것으로 나타났다.

가족영화 제목이 한자가나형 자종으로 표기된 예로는 모모에게 보내는 편지(ももへの手紙2011), 아토베가 준 선물(跡部からの贈り物2005), 우리집 열정 초능력 엄마 대폭주(あたしンち情熱のちょ～超能力♪母大暴走!2010), 걸어도 걸어도(歩いても歩いても2008), 논짱의 김밥 도시락(のんちゃんのり弁2009) 등의 제목을 들 수 있다.

가타카나형 자종이 사용된 영화 제목으로는 스위트 댄스 프린세스(ス

ウィーツダンスプリンセス2012), 쾌걸 대모험(かいけつゾロリだ・だ・だ・だいぼうけん! 2012), 그린게이블즈로 가는 길(グリーンゲーブルズへの道2010), 화장실(トイレット 2010), 용기의 멜로디(勇気のメロディ2010) 등을 들 수 있다. 스위트 댄스 프린세스(スウィーツダンスプリンセス)와 같이 모두 가타카나로 표기된 것이 있는가 하면, 용기의 멜로디(勇気のメロディ)와 같이 한자와 가타카나가 병행한 것도 보인다.

알파벳으로 표기된 영화 제목은 없었으며, 숫자가 사용된 영화제목으로는 개와 나의 10가지 약속(犬と私の10の約束)을 들 수 있다.

2.2 액션영화 제목과 자종

액션영화 제목을 표기한 자종을 살펴 본 결과 다음의 <표2>와 같은 결과가 나왔다.

〈표2〉 액션 영화 제목의 표기 자종

	한자가나형	가타카나형	알파벳형	아라비아숫자형	전체
가족영화	41%	50%	0%	8%	100%
액션영화	31%	38%	25%	6%	100%

가족영화와 액션영화의 제목 표기로 사용된 자종을 보면 가족영화에서는 한자가나형과 가타카나형이 강세를 보이는 반면에, 액션영화에서는 한자가나형, 가타카나형, 알파벳형의 자종이 고른 분포를 보이며 표기된 것을 알 수 있다.

한자가나형으로 표기된 액션영화 제목으로는 변태가면(変態仮面2013), 온나시노부(女忍2011), 비색의 환영(緋色の幻影2012), 지푸라기 방패(藁の楯2013), 겟코가면(けっこう仮面2012), 봉황의 무녀(鳳凰の巫女2012), 나의 손오공(ぼくの孫悟空2003), 바람의 검심(るろうに剣心2012), 섹시한 검객(艶剣客2010), 외사경찰(外事警察2012), 가시나무왕(いばらの王2010), 도로로(どろろ2007), 닌자의 길(忍道2011), 닌타마란타로(忍たま乱太郎2011)⌐, 강철의 연금술사(鋼の錬金術師2011), 전갈(さそり2008), 군계(軍鶏2007), 지옥 갑자원(地獄甲子園2003), 자토이치(座頭市2003), 13인의 자객(十三人の刺客2010) 등의 풍부한 예를 들 수 있다. 변태가면(変態仮面)과 같이 한자 일색으로 된 제목이 있는가 하면, 도로로(どろろ)와 같이 히라가나로 표기된 것, 가시나무왕(いばらの王)과 같이 히라가나와 한자가 병기된 것이 있다.

가타카나형으로 표기된 액션영화 제목은 프라치나데타(プラチナデータ2013), 이노센스(イノセンス2004), 스팀보이(スチームボーイ2004), 크루디멘션(クール・ディメンション2006), 스머글(スマグラー2011), 드래곤에이지(ドラゴンエイジ2012)⌐, 브레이크 블레이드(ブレイクブレイド2010), 타나토스(タナトス2011), 사나다쿠노 일인법전(真田くノ一忍法伝2009), 브레이크 블레이드(ブレイクブレイド2010), 트라이건(トライガン2010), 브랏도시(ブラッドシー2012), 망국의 이지스함(亡国のイージス2004), 와일드7(ワイルド7 2011), 아이언 걸(アイアンガール2012), 아웃레이지(アウトレイジ2010), 레인홀(レイン・フォール2008), 얏타맨(ヤッターマン2009), 어세씬(アサシン2011), 와일드 플라워즈(ワイルド・フラワーズ2004), 드롭(ドロップ2008), 카멜레온(カメレオン2008), 스트레인져(ストレンヂア-無皇刃譚-2007) 등을 들 수 있다. 대부분 가타카나로 표기되었다.

액션영화 제목을 알파벳형으로 표기한 예로는 공각기동대(攻殻機動隊2003)-ARISE border:1 Ghost Whispers, 까마귀(鴉2007)Karas:The Revelation,

공각기동대(攻殼機動隊2013) ARISE border2, DRAGON BALL Z(2013)-신과신 神と神, 야쿠자 대 닌자(はぐれ組VS忍者2012), 붉은 그림자(赤影2001)SAMURAI FICTION: RED SHADOW, Goemon(2009), 전국(戦国BASARA -The Last Party 2011), Young Gun in the Time(2012), 일명 하가키리(一命HARA-KIRI2011), 마 징카이저(マジンカイザーSKL2010), K-20(2008), GANTZ(2011), Blood (2009)-The Last Vampire, Brother(2000), クローズZERO(2007) 등이 확인되었다. 순수한 알파벳으로 표기된 제목이 대부분이지만, 일명(一命HARA- KIRI)과 같이 한자와 알파벳이 병기된 제목도 보인다.

아라비아숫자로 표기된 액션영화 제목으로는 브레이크 블래드(ブレイク ブレイド2011)6, 009Re(2012):Cyborg, 전국자위대1549(戦国自衛隊1549,2005), 여죄 수 701호(女囚701号2012) 등의 예를 들 수 있다.

2.3 공포영화 제목과 자종

공포영화 제목을 표기한 자종을 분석하였더니 다음의 <표3>과 같은 결과가 나왔다.

〈표3〉 공포영화 제목의 표기 자종

	한자가나형	가타카나형	알파벳형	아라비아숫자형	전체
가족영화	41%	50%	0%	8%	100%
액션영화	31%	38%	25%	6%	100%
공포영화	52%	29%	5%	14%	100%

공포영화는 한자가나형에서 강세를 보인다. 한자가나형으로 표기된 공포영화 제목으로는 기억하고 있어(オボエテイル2005), 행방불명(行方不明2012), 악의 교전(悪の教典2012), 차가운 열대어(冷たい熱帯魚2010), 캄캄한 수면 밑바닥에서(仄暗い水の底から2001), 고추나물(弟切草2001), 전염가(伝染歌2007), 화귀(華鬼2009), 다중인격소녀(多重人格少女2000), 강령(降霊2000), 입 찢어진 여자(口裂け女2007) 등의 예를 들 수 있다.

가타카나형으로 표기된 공포영화 제목으로는 구로유리단지(クロユリ団地2013), 너는 좀비를 사랑하고 있어(君はゾンビに恋してる2011), 문자 왔어(着信アリ2003), 링(リング2000-탄생(バースデイ), 프리즈 미(フリーズミ2000), 사이렌(サイレン2006) 등의 예를 들 수 있다.

파라노멀・액티브티(パラノーマル・アクティビティ2010)-TOKYO NIGHT는 알파벳형으로 표기된 전형적인 예이다.

숫자형으로 표기된 공포영화 제목으로는 사다코3D(貞子3D2012), 문자 왔어(着信アリ2004)2, 주온(呪怨22000) 등의 예가 확인되었다.

2.4 스릴러영화 제목과 자종

스릴러영화 제목을 표기한 자종은 다음의 <표4>와 같이 정리할 수 있다.

〈표4〉 스릴러영화 제목의 표기 자종

	한자가나형	가타카나형	알파벳형	아라비아숫자형	전체
가족영화	41%	50%	0%	8%	100%

액션영화	31%	38%	25%	6%	100%
공포영화	52%	29%	5%	14%	100%
스릴러영화	44%	33%	19%	4%	100%

한자가나형으로 표기된 스릴러영화 제목으로는 황금을 안고 날아라
(黃金を抱いて翔べ2012), 지푸라기 방패(藁の楯2013), 악의 교전(悪の教典2012), 감
금(監禁2011), 신임여교사(新任女教師2008), 초악인(超·悪人2011), 변신(変身2005),
악인(悪人2010), 고백(告白2010), 암호(暗号2008), 잠복(張り込み2000), 문신2(刺青2,
2006) 등의 예를 들 수 있다.

가타카나형으로 표기된 스릴러영화 제목으로는 스머글(スマグラー2011)-너
의 미래를 가지고 가길(おまえの未来を運べ), 우먼 헌팅(ウーマン·ハンティング
2012)-살육의 숲(殺戮の森)-, 양키 가정부(ヤンキー家政婦2012), 헬터스켈터(ヘル
タースケルター2012), 누드의 밤(ヌードの夜2010)-사랑은 아낌없이 뺏는다(愛は惜し
みなく奪う), 골덴슬럼버(ゴールデンスランバー2009), 카인과 아벨(カインとアベル2007),
드라이브(ドライブ2002), 사이렌(サイレン2006) 등의 예가 확인된다.

알파벳형으로 표기된 스릴러영화 제목으로는 공각기동대(攻殻機動隊
ARISE border:1 2013), 공각기동대(攻殻機動隊ARISE border:2 2013), Gang House
Keeper(2012), Helter Skelter(2012), 용의자X의 헌신(容疑者Xの献身2008) 등의
예가 확인된다.

숫자형으로는 사나다쿠노 일인 법전(真田くノ一忍法伝2009)-가스미7 인습
의 마을을 쳐라(かすみ7因習の村を斬れ!)의 예가 있었다.

2.5 코미디영화 제목과 자종

코미디영화 제목을 표기한 자종을 정리하면 다음의 <표5>와 같다.

〈표5〉 코미디영화 제목의 표기 자종

	한자가나형	가타카나형	알파벳형	아라비아숫자형	전체
가족영화	41%	50%	0%	8%	100%
액션영화	31%	38%	25%	6%	100%
공포영화	52%	29%	5%	14%	100%
스릴러영화	44%	33%	19%	4%	100%
코미디영화	38%	58%	2%	2%	100%

한자가나형의 자종으로 표기된 코미디영화로는 두부요괴(豆富小僧2011), 모두가 싫어하는 마쓰코의 일생(嫌われ松子の一生2006), 첩의 이야기(下妻物語 2004), 은혼(銀魂2010)-신역 붉은 벚나무편(新訳紅桜篇), 오란고교 호스트부(桜蘭高校ホスト部2012), 나의 손오공(ぼくの孫悟空2003), 가라! 남자고교 연극부(行け!男子高校演劇部2011), 하늘에서 떨어진 것(そらのおとしもの2011)-時計じかけの哀女神, 춤추는 기생(舞妓2007), 전혀 상관없어(全然大丈夫2008), 순도메(すんどめ(공격하는 손발이나 무기를 상대의 몸에 닿기 전에 멈추는 것-필자 주), 2007), 세균열도(細菌列島2009), 남극요리사(南極料理人2009), 백만엔과 고충녀(百万円と苦虫女 2008), 에리에게 반했어(絵里に首ったけ2000), 안경(めがね2007), 전전(転々2007) 등을 들 수 있다.

가타카나형의 자종으로 표기된 코미디영화로는 데루마에·로마에(テルマエ・ロマエ2012), 로보지(ロボジー2011), 방과 후 미드나이터즈(放課後ミッドナイ

ターズ2012), 고양이를 빌려드립니다(レンタネコ2012), 귀여운 아저씨(ぱぴぃオー
ルドマン2012), 멋진 악몽(ステキな金縛り2011), 만담 갱(漫才ギャング2010), 가슴
배구단(おっぱいバレー2008), 딱따구리와 비(キツツキと雨2011), 소년 메리켄사쿠
(少年メリケンサック2008), 노다메칸타빌레(のだめカンタービレ2009)-최종악장 전편
(最終楽章前編), 노다메칸타빌레(のだめカンタービレ2010)-최종악장 후편(最終楽章
後編), 스즈미야 하루히의 소실(涼宮ハルヒの消失2010), 위조지폐(ニセ札2009), 사
우스바운드(サウスバウンド2007), 남의 사랑을 비웃지마(人のセックスを笑うな2007),
도쿄택시(東京タクシー2009), 인스턴트 늪(インスタント沼2009), 나의 할아버지(わ
たしのグランパ2003), 기사라기(キサラギ(2月)2007), 요시노이발관(バーバー吉野2004),
디트로이트 메탈 시티(デトロイト・メタル・シティ2008), 비지터Q (ビジターQ
2000), 행복한 비행(ハッピーフライト2008), 조용한 방으로 잘 오셨어요(クワイ
エットルームにようこそ2007), 더 매직 아워(ザ・マジックアワー2008) 등이 확인되었다.

알파벳형의 자종으로 표기된 코미디영화로는 OLDK(2004) 한 편이 확
인되었다.

아라비아숫자형의 자종으로 표기된 코미디영화로는 우리들과 경찰아
저씨의 700간의 전쟁(ぼくたちと駐在さんの700日戦争2008)이 확인되었다.

2.6 로맨스(멜로)영화 제목과 자종

로맨스(멜로)영화 제목을 표기한 자종을 정리하면 다음의 <표6>과 같다.

<표6> 로맨스(멜로)영화 제목의 표기 자종

	한자가나형	가타카나형	알파벳형	아라비아숫자형	전체
가족영화	41%	50%	0%	8%	100%
액션영화	31%	38%	25%	6%	100%
공포영화	52%	29%	5%	14%	100%
스릴러영화	44%	33%	19%	4%	100%
코미디영화	38%	58%	2%	2%	100%
로맨스영화	48%	50%	2%	0%	100%

<표6>을 보면 로맨스영화 제목 표기로 한자가나형과 가타카나형이 대부분을 차지하는 것을 알 수 있다.

로맨스영화 제목을 표기한 한자가나형으로는 새로운 첫 체험 이야기(新初体験物語2008), 공포신문(恐怖新聞2011), 체온(体温2010), 언어의 정원(言の葉の庭2013), 칸나의 물고기2(かんなの水魚2,2011), 새 구두를 사야 해(新しい靴を買わなくちゃ2012), 늑대아이의 비와 눈(おおかみこどもの雨と雪2012), 꽃송이 따기(花つみ2011), 소녀(少女2001), 욕망(欲望2005), 월하미인(月下美人2006), 첫눈의 사랑(初雪の恋2007), 순애보(純愛譜2000), 전신과 새끼손가락(全身と小指2005), 지금, 만나러 갑니다(いま、会いにゆきます2004), 천사의 사랑(天使の恋2009), 미요코 아사가야 기분(美代子阿佐ヶ谷気分2009), 이번엔 애처가(今度は愛妻家2009), 봄눈(春の雪2005), 문신(刺青2006)-타락한 무당거미(堕ちた女郎蜘蛛) 등의 예가 확인되었다.

가타카나형으로 표기된 로맨스영화 제목으로 하루(ハル2013), 노란코끼리(きいろいゾウ2012), 나쁜 아나운서(ワルアナ2012), 비밀의 앗코짱(ひみつのアッコちゃん2012), 모테키(モテキ2011), 천국의 키스(パラダイス・キス2011), 양키 의사

(ヤンキー医師2012), 나의 첫사랑을 너에게 바친다(僕の初恋をキミに捧ぐ2009), 결혼반지(マリッジリング2007), 노르웨이의 숲(ノルウェイの森2010), 죠제와 호랑이와 물고기들(ジョゼと虎と魚たち2003), 클로즈드 노트(クローズド・ノート2007), 영원한 들장미(パーマネント野ばら2010), 고스트(ゴースト2010)-다시한번 안고 싶어(もういちど抱きしめたい), 꽃미남 뱅크(イケメンバンク2009), 아지안탐블(アジアンタムブルー2006), 하프웨이(ハルフウェイ2008), 잘 가요, 언젠가 또 만나요(サヨナライツカ2010), 인형들(ドールズ2002), 내게 멋진 밤을 주세요(素敵な夜, ボクにください2007), 천진난만한 소녀(天然コケッコー2007) 등의 예가 확인되었다. 나에게 멋진 밤을 주세요(素敵な夜, ボクにください)에서 보듯, 순수일본어인 ボク가 가타카나로 표기된 것이 이채롭다.

로맨스영화 제목을 표기한 알파벳형으로는 LETM : THE REASON I LOVE YOU, OTHER STORY M STORY(2011), Little DJ(2007) -작은 사랑 이야기(小さな恋の物語), Girl's Life(2009), Desire(2010) 등의 예를 확인할 수 있었다.

로맨스영화 제목을 표기한 숫자형으로는 단 하나의 예도 보이지 않았다.

2.7 어드벤처영화 제목과 자종

어드벤처영화 제목을 표기한 자종을 조사하였더니 다음의 <표7>과 같은 결과가 나왔다.

〈표7〉 어드벤처영화 제목의 표기 자종

	한자가나형	가타카나형	알파벳형	아라비아숫자형	전체
가족영화	41%	50%	0%	8%	100%

액션영화	31%	38%	25%	6%	100%
공포영화	52%	29%	5%	14%	100%
스릴러영화	44%	33%	19%	4%	100%
코미디영화	38%	58%	2%	2%	100%
로맨스영화	48%	50%	2%	0%	100%
어드벤처영화	55%	27%	14%	5%	100%

어드벤처영화 제목을 표기하는 자종으로 한자가나형이 강세를 보이는 것을 볼 수 있다. 어드벤처영화 제목으로 표기된 한자가나형으로는 후세텟뽀 아가씨의 사건 비망록(伏鉄砲娘の捕物帳2012), 비색의 환영(緋色の幻影2012), 붉은 그림자(赤影2001), 일본침몰(日本沈没2006), 강철의 연금술사(鋼の錬金術師2011)-슬픈 언덕 위의 성스런 별(嘆きの丘の聖なる星), 매일 밤 펭귄이(よなよなペンギン2009), 별을 쫓는 아이들(星を追う子ども2011), 너 먹음직하구나(おまえうまそうだな2010), 하루카와 마법의 거울(遥と魔法の鏡2009) 등의 예가 확인되었다.

어드벤처영화 제목으로 표기된 가타카나형으로는 캡틴하록(キャプテンハーロック2013), 스팀보이(スチームボーイ2004), 얏타맨(ヤッターマン2009), 정글대제(ジャングル大帝2009)-용기가 미래를 바꾸다(勇気が未来をかえる), 레이튼 교수와 영원한 가희(レイトン教授と永遠の歌姫2009), 동쪽의 에덴(東のエデン2009), 데메킹(デメキング2009), 서머워즈(サマーウォーズ2009) 등의 예가 확인되었다.

어드벤처영화 제목이 알파벳형으로 표기된 예로는 전국바사라(戦国BASARA2011), DRAGON BALL Z(2013)-신과 신(神と神), 모노노케섬의 나키(もののけ島のナキFriends2011) 등이 확인되었다.

어드벤처영화 제목으로 표기된 숫자형으로 K-20(2008)가 확인되었다.

2.8 SF영화 제목과 자종

SF영화 제목을 표기하는 자종을 살펴본 결과는 다음의 <표8>과 같다.

〈표8〉 SF영화 제목의 표기 자종

	한자가나형	가타카나형	알파벳형	아라비아숫자형	전체
가족영화	41%	50%	0%	8%	100%
액션영화	31%	38%	25%	6%	100%
공포영화	52%	29%	5%	14%	100%
스릴러영화	44%	33%	19%	4%	100%
코미디영화	38%	58%	2%	2%	100%
로맨스영화	48%	50%	2%	0%	100%
어드벤처영화	55%	27%	14%	5%	100%
SF영화	9%	48%	13%	30%	100%

SF영화 제목을 표기하는 자종 중에서 가타카나형이 차지하는 비중이 압도적으로 높았다. 아라비아숫자형의 비중도 다른 장르에 비해 압도적으로 높은 것을 볼 수 있다.

SF영화 제목을 표기하는 자종으로 한자가나형이 사용된 예로는 공각기동대(攻殻機動隊2006), 은혼(銀魂2010) 등이 확인되었다.

SF영화 제목을 표기하는 자종으로 가타카나형이 사용된 예로는 프라치

나데타(プラチナデータ2013), 캡틴하록(キャプテンハーロック2013), 슈타인스 게이트(シュタインズ・ゲート-부하영역의 데자뷰(負荷領域のデジャヴ2012), 하루(ハル2013), 진구세주전설 북두의 권(真救世主伝説北斗の拳2008)ZERO-켄시로전(ケンシロウ伝), 이노센스(イノセンス2004), 브랫드시(ブラッドシー2012), 아이언걸(アイアンガール2012), 고질라(ゴジラ2004), 스즈미야하루히의 소실(涼宮ハルヒの消失2010), 카멜레온(カメレオン2008) 등이 확인되었다.

SF영화 제목을 표기하는 자종으로 알파벳형이 사용된 예로는 TRIGUN (2010), Young Gun in the Time(2012), Astro Boy(2009) 등이 확인되었다.

숫자형으로 공각기동대(攻殻機動隊ARISE2013)border:2, 공각기동대(攻殻機動隊2013)ARISE border :1, 철인28호(鉄人28号2004), 009Re:Cyborg(2012), 전국자위대1549(戦国自衛隊2005)1549, 벡실2077(ベクシル2007) 2077-일본 쇄국(日本鎖国), 동쪽의 에덴2(東のエデン2,2009) 등이 확인되었다.

2.9 다큐멘터리영화 제목과 자종

다큐멘터리영화 제목으로 표기된 자종은 다음의 <표9>와 같이 정리할 수 있다.

〈표9〉 다큐멘터리영화 제목의 표기 자종

	한자가나형	가타카나형	알파벳형	아라비아숫자형	전체
가족영화	41%	50%	0%	8%	100%
액션영화	31%	38%	25%	6%	100%
공포영화	52%	29%	5%	14%	100%

스릴러영화	44%	33%	19%	4%	100%
코미디영화	38%	58%	2%	2%	100%
로맨스영화	48%	50%	2%	0%	100%
어드벤처영화	55%	27%	14%	5%	100%
SF영화	9%	48%	13%	30%	100%
다큐멘터리영화	21%	21%	58%	0%	100%

<표10>을 보면 알파벳형이 강세를 보이는 것을 볼 수 있다.

한자가나형이 표기된 다큐멘터리영화 제목으로는 월하의 침략자(月下の侵略者2009)-임진왜란·정유재란과 귀무덤(文禄·慶長の役と「耳塚」), 침묵을 깨다(沈黙を破る2009), 야스구니(靖国2007) 등의 예가 확인되었다.

가타카나형이 표기된 다큐멘터리영화 제목으로 춤추는 채플린(ダンシング·チャップリン2013), 엔딩노트(エンディングノート2011), 정신(精神2008) 등의 예가 확인되었다.

알파벳형이 표기된 다큐멘터리영화 제목으로 섹스의 저편(セックスの向こう側2010)- 성인비디오 남자배우의 삶(AV男優という生き方), 섹스와 요요기타다시의 세계(SEXと代々木忠の世界2010), Beautiful Islands(2009), El Sistema(2008), 방문자Q(ビジターQ 2000), My Heart Is Not Broken Yet(2007), Intangible Asset Number 82(2008), NARA(2006) : 나라 요시토모와의 여행 기록(奈良美智との旅の記録) 등의 예가 확인되었다.

숫자형이 표기된 다큐멘터리영화 제목은 단 하나의 예도 확인되지 않았다.

2.10 미스터리영화 제목과 자종

미스터리영화 제목을 표기한 자종을 정리하면 다음의 <표10>과 같다.

〈표10〉 미스터리영화 제목의 표기 자종

	한자가나형	가타카나형	알파벳형	아라비아숫자형	전체
가족영화	41%	50%	0%	8%	100%
액션영화	31%	38%	25%	6%	100%
공포영화	52%	29%	5%	14%	100%
스릴러영화	44%	33%	19%	4%	100%
코미디영화	38%	58%	2%	2%	100%
로맨스영화	48%	50%	2%	0%	100%
어드벤처영화	55%	27%	14%	5%	100%
SF영화	9%	48%	13%	30%	100%
다큐멘터리영화	21%	21%	58%	0%	100%
미스터리영화	42%	50%	8%	0%	100%

<표10>을 보면 한자가나형과 가타카나형이 강세를 보이는 것을 알 수 있다.

한자가나형이 표기된 미스터리영화 제목으로는 행방불명(行方不明2012), 사랑의 죄(恋の罪2011), 전염가(伝染歌2007), 암호(暗号2008), 표적이 된 학원(ね らわれた学園2012) 등의 예가 확인되었다.

가타카나형이 표기된 미스터리영화 제목으로는 슈타인즈 게이트(シュタ インズ・ゲート-부하 영역의 데자뷰(負荷領域のデジャヴ2012), 제로의 초점(ゼロの

焦点2009), 기사라기(キサラギ2007), 레이튼 교수와 영원의 가희(レイトン教授と永遠の歌姫2009), 오리와 청둥오리의 코인 락커(アヒルと鴨のコインロッカー2007), 화장실(トイレット2010) 등의 예를 확인할 수 있었다.

알파벳형이 표기된 미스터리영화 제목으로는 The Grudge(2004)가 있었다. 아라비아숫자형이 표기된 미스터리영화 제목은 단 1건의 예도 확인되지 않았다.

2.11 범죄영화 제목과 자종

범죄영화 제목을 표기한 자종을 정리하면 다음의 <표11>과 같다.

〈표11〉 범죄영화 제목의 표기 자종

	한자가나형	가타카나형	알파벳형	아라비아숫자형	전체
가족영화	41%	50%	0%	8%	100%
액션영화	31%	38%	25%	6%	100%
공포영화	52%	29%	5%	14%	100%
스릴러영화	44%	33%	19%	4%	100%
코미디영화	38%	58%	2%	2%	100%
로맨스영화	48%	50%	2%	0%	100%
어드벤처영화	55%	27%	14%	5%	100%
SF영화	9%	48%	13%	30%	100%
다큐멘터리영화	21%	21%	58%	0%	100%

미스터리영화	42%	50%	8%	0%	100%
범죄영화	62%	30%	8%	0%	100%

<표11>을 보면 범죄영화에서는 한자가나형의 자종이 강세를 띠는 것을 알 수 있다. 한자가나형이 표기된 미스터리영화 제목으로는 행방불명(行方不明2012), 사랑의 죄(恋の罪2011), 전염가(伝染歌2007), 암호(暗号2008), 표적이 된 학원(ねらわれた学園2012), 황금을 안고 날아라(黄金を抱いて翔べ2012), 신임여교사(新任女教師2008), 그녀의 모든 것(彼女について知ることのすべて2010) 등의 예가 확인되었다.

가타카나형이 표기된 미스터리영화 제목으로는 아웃레이지(アウトレイジ2012), 레인 폴(レイン・フォール-雨の牙2008), 어쌔신(アサシン2011), 위조지폐(ニセ札2009) 등의 예가 확인되었다.

알파벳형이 표기된 미스터리영화 제목으로는 The Bling Ring(2013) 제목으로 된 단 한 개의 예만이 확인되었다.

숫자형이 표기된 미스터리영화 제목은 한 개의 예도 확인되지 않았다.

2.12 시대극 제목과 자종

시대극 제목을 표기한 자종을 정리하면 <표12>와 같다.

〈표12〉 시대극 제목의 표기 자종

	한자가나형	가타카나형	알파벳형	아라비아숫자형	전체
가족영화	41%	50%	0%	8%	100%

액션영화	31%	38%	25%	6%	100%
공포영화	52%	29%	5%	14%	100%
스릴러영화	44%	33%	19%	4%	100%
코미디영화	38%	58%	2%	2%	100%
로맨스영화	48%	50%	2%	0%	100%
어드벤처영화	55%	27%	14%	5%	100%
SF영화	9%	48%	13%	30%	100%
다큐멘터리영화	21%	21%	58%	0%	100%
미스터리영화	42%	50%	8%	0%	100%
범죄영화	62%	30%	8%	0%	100%
시대극	73%	0%	18%	9%	100%

<표12>를 보면 시대극 제목 표기로 한자가나형이 압도적으로 높은 것을 알 수 있다. 한자가나형이 표기된 시대극 제목으로 닌자의 길(忍道 2011), 최후의 츄신구라(最後の忠臣蔵2010), 은혼(銀魂2010)-신역 붉은 벚꽃 편 (新訳紅桜篇), 벚꽃 공주(桜姫2012), 바람의 검심(るろうに剣心2012), 13인의 자객 (十三人の刺客2010), 아수라성의 눈동자(阿修羅城の瞳2005), 자토이치(座頭市2003) 등의 예가 확인되었다. 반면에 가타카나형이 표기된 시대극 제목은 단 한 개의 예도 확인되지 않았다.

알파벳형의 자종이 표기된 시대극 제목으로는 Goemon(2009), 일명(一命) HARA-KIRI(2011) 등의 예가 확인되었으며, 숫자형이 표기된 시대극 제목 으로는 이치2(市22008)가 확인되었다.

2.13 애니메이션영화 제목과 자종

애니메이션영화 제목을 표기한 자종을 정리하면 다음의 <표13>과 같다.

<표13> 애니메이션영화 제목 표기 자종

	한자가나형	가타카나형	알파벳형	아라비아숫자형	전체
가족영화	41%	50%	0%	8%	100%
액션영화	31%	38%	25%	6%	100%
공포영화	52%	29%	5%	14%	100%
스릴러영화	44%	33%	19%	4%	100%
코미디영화	38%	58%	2%	2%	100%
로맨스영화	48%	50%	2%	0%	100%
어드벤처영화	55%	27%	14%	5%	100%
SF영화	9%	48%	13%	30%	100%
다큐멘터리영화	21%	21%	58%	0%	100%
미스터리영화	42%	50%	8%	0%	100%
범죄영화	62%	30%	8%	0%	100%
시대극	73%	0%	18%	9%	100%
애니메이션영화	25%	58%	17%	0%	100%

<표13>을 보면 가타카나형의 자종이 강세를 보이는 것을 알 수 있다. 애니메이션 제목 표기로 한자가나형이 사용된 예로는 나캇파(なかっぱ 2013)-피어라 꽃이여! 나비 왕국의 대모험(花さけ!パッカ~ん♪蝶の国の大冒険), 시한 장치된 슬픈 여신(時計じかけの哀女神2011), 가시나무 왕(いばらの王2010)

등의 예가 확인되었다.

애니메이션 제목 표기로 가타카나형이 사용된 예로 캡틴 하록(キャプテンハーロック2013), 후세(伏2012)-텟포 아가씨의 비망록(鉄砲娘の捕物帳), 비색의 환영(緋色の幻影2012), 데즈카 오사무의 붓타(手塚治虫のブッダ2011)-붉은 사막이여 아름답게(赤い砂漠よ!美しく), 드래곤 에이지(ドラゴンエイジ2012)-브랫드메이지의 성전(ブラッドメイジの聖戦), 스트레이져(ストレンヂア-무황인담(無皇刃譚2007), 작안의 샤나(灼眼のシャナ2007) 등이 확인되었다.

애니메이션 제목 표기로 알파벳형의 자종이 사용된 예로는 진구세주전설(真救世主伝説-북두의 권 제로 켄시로전(北斗の拳ZEROケンシロウ伝2008), 갈가마귀(鴉2005)-KARAS-, 전국 바사라(戦国BASARA2011) 등을 들 수 있다.

애니메이션 제목 표기로 숫자형이 사용된 예는 단 한 개도 보이지 않았다.

2.14 판타지영화 제목과 자종

마지막으로 판타지영화 제목을 표기한 자종을 살펴보면 다음의 <표 14>와 같다.

〈표14〉 판타지영화 제목 표기 자종

	한자가나형	가타카나형	알파벳형	아라비아숫자형	전체
가족영화	41%	50%	0%	8%	100%
액션영화	31%	38%	25%	6%	100%
공포영화	52%	29%	5%	14%	100%

스릴러영화	44%	33%	19%	4%	100%
코미디영화	38%	58%	2%	2%	100%
로맨스영화	48%	50%	2%	0%	100%
어드벤처영화	55%	27%	14%	5%	100%
SF영화	9%	48%	13%	30%	100%
다큐멘터리영화	21%	21%	58%	0%	100%
미스터리영화	42%	50%	8%	0%	100%
범죄영화	62%	30%	8%	0%	100%
시대극	73%	0%	18%	9%	100%
애니메이션영화	25%	58%	17%	0%	100%
판타지영화	67%	33%	0%	0%	100%

판타지영화의 제목으로 한자가나형 자종이 표기된 예로는 후세(伏2012)-텟포 아가씨의 비망록(鉄砲娘の捕物帳), 하늘에서 떨어진 물건(そらのおとしもの)-시한 장치된 슬픈 여신(時計じかけの哀女神2011), 토로로(どろろ2007), 화귀(華鬼2009) 등의 예가 확인되었다.

판타지영화의 제목으로 가타카나형이 표기된 예로는 드래곤 에이지(ドラゴンエイジ-브랜드 메이지의 성전(ブラッドメイジの聖戦2012), 도플갱어(ドッペルゲンガー2003) 등의 예가 확인되었다.

판타지영화의 제목으로 알파벳형과 숫자형의 자종이 표기된 예는 단한 건도 보이지 않았다.

2.15 맺음말-영화 제목 표기 자종과 일본사정

지금까지 일본영화를 다양한 장르로 분류하여, 장르별로 어떠한 자종
이 영화제목으로 표기되었는지를 살펴보았는데, 그 결과를 정리하면 다
음의 <표15>와 같다.

〈표15〉 일본영화 제목 표기 자종

	한자가나형	가타카나형	알파벳형	아라비아숫자형	전체
가족영화	41%	50%	0%	8%	100%
액션영화	31%	38%	25%	6%	100%
공포영화	52%	29%	5%	14%	100%
스릴러영화	44%	33%	19%	4%	100%
코미디영화	38%	58%	2%	2%	100%
로맨스영화	48%	50%	2%	0%	100%
어드벤처영화	55%	27%	14%	5%	100%
SF영화	9%	48%	13%	30%	100%
다큐멘터리영화	21%	21%	58%	0%	100%
미스터리영화	42%	50%	8%	0%	100%
범죄영화	62%	30%	8%	0%	100%
시대극	73%	0%	18%	9%	100%
애니메이션영화	25%	58%	17%	0%	100%
판타지영화	67%	33%	0%	0%	100%
평균	43%	38%	14%	5%	100%

<표15>를 보면 영화 제목으로 한자가나형의 자종이 43%로 가장 많은

것을 알 수 있다. 가타카나형이 38%, 알파벳형이 14%, 숫자형의 자종이 5%로 각각 그 뒤를 잇고 있다.

제1장에서는 가타카나형의 자종이 표기되는 데에는 신선함, 새로운 것, 세련된 것을 선호하는 군중들의 심리가 작용하기 때문이라고 언급한 적이 있는데, 이는 반대로 말하면 한자가나형의 자종이 덜 신선하고, 덜 새로우며, 덜 세련된 이미지를 나타낸다는 사실을 말해 주는 것이라고 할 수 있다. 따라서 한자가나형의 자종으로 표기된 것은 오래되며(어두우며), 전통적이며, 소박한 이미지를 나타내기 때문에 한자가나형의 자종이 선택된 영화는 한자가나형 자종의 이미지를 그대로 드러내는 것으로 생각할 수 있다. 한자가나형의 자종으로 표기된 영화 제목을 장르별로 보면 공포영화, 어드벤처영화, 범죄영화, 시대극, 판타지영화 등의 제목이 모두 50% 이상의 비율로 표기되는 것을 볼 수 있다. 이는 공포영화, 어드벤처영화, 범죄영화, 시대극, 판타지영화 등에 가지는 일본인들의 집단적인 이미지가 자종을 통해서 드러난다는 사실을 말해주는 것이다. 즉 이들 영화는 오래된 것이거나, 혹은 전통적이거나, 어둡고 어두침침하며 몽상적이며 소박하며 지극히 현실성에 입각한 영화로 보는 집단적 심리가 자종에서 드러난 것으로 생각할 수 있다.

가타카나형의 자종으로 표기되는 영화 장르를 보면 가족영화, 코미디영화, 로맨스영화, 미스터리영화, 애니메이션영화 등에서 모두 50% 이상의 비율로 표기되는 것을 알 수 있다. SF영화도 48%로 거의 50%에 육박하고 있다. 이는 가타카나형의 자종으로 표기된 영화들이 신선하고, 세련되며, 밝고 활기차며 미래지향적인 소재를 다루는 것이라는 집단적 심리를 방증해 주는 것이다.

알파벳형의 자종으로 표기되는 영화 제목 중에서 다큐멘터리영화만

50%를 넘는다. 이는 다큐멘터리영화가 주로 일본인이 아닌 외국인을 대상으로 해외로 방영되는 것과 관계가 있다고 생각된다. 제1장에서는 J-POP 가수명이나 제목이 알파벳형의 자종으로 사용되는 비율이 높았던 것을 떠올려보자. 이는 J-POP이 다른 장르와 달리 신선하고 세련되며, 밝고 활기찬 이미지를 가지고 있다는 것을 방증하는 것이라고 할 수 있는데, 그러나 영화제목명에서 알파벳형이 압도적으로 표기되는 비율이 낮은 것은 아직은 일본사회에서 알파벳형의 자종이 일반적으로 사용되기에는 무리가 있음을 말해준다. 다시 말하면 알파벳형의 자종을 통해서 신선하고 세련되며, 밝고 활기찬 이미지를 표현하려는 심리가 청년층이 주를 이루는 J-POP에서는 극명하게 드러나지만, 다양한 연령층이 존재하는 영화에서는 그러한 심리가 쉽게 드러나기는 어렵다는 점을 유추해 볼 수 있다.

아라비아숫자형의 자종은 SF영화의 제목을 표기하는 수단으로 사용되는 비중이 높은 반면에 그 외의 장르에서는 비중이 전반적으로 낮은 것을 알 수 있다.

제3장
백화점 입점 점포명의
표기 자종으로 본 일본사회

3.1 고찰의 목적

전 세계에는 여러 언어가 존재하는데, 대부분 언어는 하나의 문자를 지닌다. 물론 문자를 지니지 않는 언어도 있다. 그런데 문자를 지니는 언어 가운데, 일본어와 같이 한자, 히라가나, 가타카나, 알파벳과 같은 4가지의 문자가 일상에서 골고루 사용되는 매우 특이한 언어도 있다.

잘 알려진 바로 일본어에서는 한자는 한어를, 히라가나는 순수일본어(和語)를, 가타카나는 외래어나 식물명을 표기하는 것으로 알려져 있다. 예를 들어 아래의 사진에서 보듯 한어는 한자로, 순수일본어는 히라가나로, 외래어는 가타카나나 알파벳으로 표기되는 것을 볼 수 있다. 아래의 사진은 필자가 도쿄에서 직접 촬영한 것이다.

花鳥風月(和食食堂)

まめや(염색)

ライオン(스파게티)

Sunshine City(쇼핑가)

그러나 반드시 순수일본어가 히라가나로, 외래어가 가타카나나 알파벳
으로, 한어가 한자로 표기되는 것은 아니다. 다음의 사진을 보자(필자가 직
접 촬영함).

나카무라야(中村屋카레 전문집)는 순수일본어(なかむらや)이지만 한자로 표
기된 예이며, MITSUKOSHI(백화점)는 순수일본어(みつこし)이지만 미쓰코
시(三越)가 아닌 알파벳으로 표기된 예이다. 쓰바키야 커피(椿屋珈琲,커피숍
가게명)는 가타카나(コーヒー)가 아닌 한자(珈琲)로 표기된 예이며, 아사히(ア
サヒ)는 순수일본어(あさひ)이지만 가타카나로 표기된 예이다. 이러한 모든

사진 1〉 中村屋

사진 2〉 MITSUKOSHI

사진 3〉 椿屋珈琲店

사진 4〉 アサヒス-パドライ

것은 특정한 자종에 대한 일본인들의 의식이 제각기 다르다는 것을 말해
준다. 후술하겠지만 특정한 업종(패션 업종)에서 특정한 자종이 의도적으
로 밀집해 있는 것을 통해서도 이러한 점을 확인할 수 있다.

특정한 자종에 대한 일본인들의 의식을 고찰하기 위한 일환으로 본서
에서는 일본의 백화점(SEIBU, PARCO, KEIO, LUMINE EST, ODAKYU, ISETAN)에
입점한 업종별 점포 상호 표기에 나타난 자종(한자가나형, 가타카나형, 알파벳
형, 숫자형)을 분석하고자 한다. 점포를 백화점에 입점한 점포로 한정한 것
은 다양한 업종의 점포가 흩어져 있지 않고, 백화점이라는 하나의 공간
에 모여 있어 자종 분석이 매우 용이하기 때문이다.

백화점을 SEIBU, PARCO, KEIO, LUMINE EST, ODAKYU, ISETAN으로 한정한 데에는 이들 백화점이 도쿄 중심가에 밀집한 유명 백화점인 데다가, 다른 백화점, 예를 들어 미쓰코시 백화점(三越百貨店) 등과 업종 분포가 유사한 것으로 나타나 굳이 모든 백화점에 입점한 점포를 고찰의 대상으로 삼을 필요가 없다고 판단하였기 때문이다.

사진 5〉 SEIBU

사진 6〉 PARCO

사진 7〉 LUMINE EST

사진 8〉 KEIO

필자는 제3장이 최소한 세 가지의 연구적 의의를 지닐 수 있다고 생각한다. 첫째, 제3장은 일본의 문자가 일본사회라는 공간에서 어떻게 운용되는지를 이해하는 데에 도움을 줄 수 있을 것이라는 점에서 연구적 의의가 있다고 생각한다. 즉 일본인들의 문자생활을 들여다볼 수 있다는

사진 9〉 ADAKYU　　　　　　　　사진 10〉 ISETAN

것이다. 둘째, 제3장은 일본어 문자를 통한 일본사정의 이해에 도움을 줄
수 있을 것이라는 점에서 연구적 의의가 있다고 생각한다. 즉 일본인들
의 문자생활을 통해 일본인들의 생활문화를 유추해 볼 수 있을 것으로
기대한다. 마지막으로 제3장은 일본인들의 자종(한자, 히라가나, 가타카나, 알
파벳)에 대한 의식을 들여다 볼 수 있을 것이라는 점에서 연구적 의의가
있다고 생각한다.

　본서에서는 일본의 유명 백화점에 입점한 점포를 업종별(전체, 식료품,
여성의류, 부인잡화, 남성용잡화, 인테리어 및 생활 잡화, 스포츠패션, 레스토랑)로 분
류한 뒤, 점포의 상호로 표기된 자종을 분석한다. 분석이 끝나면 업종별
점포의 상호에 나타난 자종이 어떠한 원리에 의해서 결정되었는지를 '보
석상자의 효과'라는 개념으로 설명할 것이다. 분석 자료는 백화점 입구에
비치된 floor guide이다. 앞에서 제시한 백화점을 필자가 직접 방문하여
확보하였다.

　필자가 유독 점포에 관심을 가지는 것은 점포가 경제활동의 주요 공간
이기 때문이다. 점포의 상호 표기에는 점주나 소비자들의 의식이 진지하
게 반영되어 있을 것이므로 자종에 대한 일본인의 의식을 관찰하는 데에
최적의 자료로 생각된다.

3.2 백화점 층별로 본 점포의 업종 분류

어느 나라이든 마찬가지이겠지만, 일본의 백화점에 입점한 점포는 무분별하게 흩어져 있는 것이 아니라 업종별로 일정한 공간에 모여 있는 것이 특징이다. 그러면 자종을 분석하기 전에 백화점 층별로 어떠한 업종이 분포되어 있는지에 대해서 우선 살펴보도록 하자.

필자가 확인한 바로는 백화점의 층별 업종 구조는 다음과 같다(LF=Lady fashion, L&M F=Lady and Man fashion).

〈표1〉 백화점 층별 업종 구조

	ISETAN	KEIO	LUMINE EST	ODAKYU	PARCO	SEIBU
10				レストラン		
9		屋上	屋上	催物場		屋上/生活雑貨
8	屋上	レストラン	レストラン	美術・書店	レストラン	レストラン
7	レストラン	こども服	レストラン	こども服	レストラン	インテリア
6	子ども服雑貨	生活雑貨	LF/L&M F	家具・インテリア	L&M F	こども
5	リビング	紳士服	LF/L&M F	紳士服	STYLE Deli	紳士服
4	婦人服	婦人服	LF	婦人服	L&M F	婦人服
3	婦人服	婦人服	LF	婦人服雑貨	L&M F	婦人服
2	婦人服	婦人服	LF	婦人服	LF	婦人雑貨
1	婦人雑貨	化粧品	LF	婦人靴	LF	婦人服
B1	食料品	食品	LF	化粧品	LF	食品館

B2	ビューティ ィアポセ カリ	生鮮食品	LF/L&M F	食料品	LF	食品館

위의 표를 보면 백화점마다 약간의 차이는 있지만, 대부분의 백화점 지하에는 식료품(육류, 생선, 채소, 반찬류, 과자)에 관련된 업종이 배치되어 있다. LUMINE EST, PARCO는 의류 전문 백화점이므로 식품관이 없다. 1층에서 4층까지는 여성 패션 잡화류(화장품, 구두, 보석류 등)나 여성 의류에 관련된 업종이 분포되어 있다. 남성 의류 관련 업종은 여성 의류 업종이 배치된 층보다 한 층 높은 것을 볼 수 있다. ISETAN에는 남성 의류 업종이 별관에 마련되어 있다. 백화점 높이를 10층으로 간주했을 때, 여성고객에 관련된 업종이 4층 이상을 차지하는 것으로 보아 소비의 주체가 여성임을 실감할 수 있다. LUMINE EST, PARCO를 제외한 나머지 백화점에는 대부분 어린이 의류 관련 업종이 분포되어 있으며, 더 위층으로는 생활 인테리어나 생활 잡화에 관련된 업종이 분포되어 있다. 가장 높은 상층부에는 대부분 레스토랑(식당, 카페, 커피숍, 주점 등)이 분포되어 있다.

그러나 이러한 업종 분포가 절대적인 것은 아니다. 예를 들어 ISETAN의 경우, 지하 1층 식품관에 쟝＝폴 에반(ジャン＝ポール・エヴァン)이라는 커피숍이 있으며, 여성 의류 관련 업종이 밀집한 2층에는 저스턴트(ザスタンド)라는 커피숍이 있다. 그리고 여성 의류, 보석류, 시계, 정장을 취급하는 4층에는 르 살롱쟈크 보리(ルサロンジャック・ボリー)라는 레스토랑이 있다.

필자는 점포의 업종을 다음과 같은 8가지의 범주로 분류하였다. 첫째는 전체 업종이다. 이 분류는 업종에 관계없이 백화점 내부에 존재하는 모든 업종을 전체라는 하나의 범주로 일괄한 것이다.

둘째는 식료품에 관련된 업종이다. 식료품을 취급하지 않는 LUMINE EST, PARCO백화점을 제외한 ISETAN, KEIO, ODAKYU, SEIBU백화점에 입점한 점포의 상호 표기 자종만 고찰의 대상으로 하였다. 여기에서 말하는 식료품이란 서양특선(洋特選), 일본 특선(和特選), 신선 식품(生鮮食品), 일본 및 서양과자(和・洋菓子), 일본전통주와 양주(和洋酒・와인(ワイン), 빵(パン), 케이크(ケーキ), 청과(青果), 정육 및 가공육((精肉・加工肉), 기타 식품(グローサリー/햄・치즈(ハム・チーズ), 된장・면류(味噌・めん類), 감미차(甘味喫茶), 건어물(干物), 조림(佃煮), 선물(進物), 김(海苔), 도시락(弁当), 반찬(惣菜), 낫토(納豆), 초밥(寿司), 두부(豆腐), 절임(漬物), 간장(醤油), 소금(塩), 설탕(砂糖), 차(茶), 쌀(米) 등)의 업종을 일컫는다.

셋째, 여성 의류(부인복)에 관련된 업종이다. LUMINE EST, PARCO백화점에 입점한 점포가 ISETAN, KEIO, ODAKYU, SEIBU 등의 백화점에도 대부분 있었기 때문에 LUMINE EST, PARCO백화점은 고찰의 대상에서 제외하였다.

넷째, 부인잡화에 관련된 업종이다. LUMINE EST, PARCO를 제외한 ISETAN, KEIO, ODAKYU, SEIBU백화점 4곳만을 고찰의 대상으로 삼았다. 여기에서 말하는 부인잡화는 화장품(化粧品), 향수(フレグランス), 핸드백(ハンドバック), 악세사리(アクセサリー), 보석(ジュエリー), 구두(靴), 시계(時計), 블랙 정장(ブラックフォーマル), 지갑(財布), 손수건(ハンカチ), 스타킹(レッグウェアー), 모자(帽子), 벨트(ベルト), 장갑(手袋) 등을 포함한다.

다섯째, 남성용 잡화에 관련된 업종이다. ISETAN, KEIO, ODAKYU, SEIBU 백화점 4곳만 고찰의 대상으로 삼았다. 여기에서 말하는 남성용 잡화는 남성용 의류 즉 자켓(ジャケット), 셔츠(シャツ)와 같은 신사복(紳士服)을 포함하여 남성화장품(メンズコスメ), 구두(靴), 벨트(ベルト), 타이핀 카우스(タイ

ピン・カフス), 모자(帽子), 가죽지갑(革小物), 지팡이(ステッキ), 바지(スラックス), 가방(バッグ), 속옷(はだぎ), 손수건(ハンカチ), 잠옷(ナイトウェアー), 스웨터(セーター), 캐쥬얼 셔츠(カジュアルシャツ), 화이트셔츠(ドレスシャツ), 넥타이(ネクタイ), 화장품(コスメティック), 남성 귀금속(メンズジュエリ), 맞춤정장(メジャーメイド), 비즈니스 웨어(ビジネスウェアー), 우산(傘), 안경(眼鏡), 선글래스(サングラス) 등을 일컫는다.

여섯째, 인테리어 및 생활 잡화 관련 업종이다. ISETAN, LUMINE EST, PARCO백화점을 제외한 KEIO, ODAKYU, SEIBU백화점만 고찰의 대상에 넣었다. 인테리어 및 생활 잡화는 문구(文具), 서적(書籍), 가구(家具), 침구(寝具), 시계(時計), 조리용품(調理用品), 안경(眼鏡), 식기(食器), 약국(薬局), 타올(タオル), 앞치마(エプロン), 가전제품(家電製品), 차도구(茶道具), 미술・공예(美術・工芸), 완구류(おもちゃ), 수영복(水着), 유아복・아동복(ベビー・こども服), 포목(呉服), 건강용품(健康用品), 간병용품(介護用品), 타올・실내용품(タオル・室内用品), 목욕・화장품 용구(バス・トイレタリー), 출산 준비 용품(出産準備用品), 기모노 소품(和装小物), 커텐(カーテン), 악기(楽器) 등을 일컫는다.

일곱 번째, 스포츠 패션 관련 업종이다. ODAKYU와 SEIBU백화점만 고찰의 대상에 넣었다. 골프 웨어(ゴルフウェアー), 스포츠 용품(スポーツ用品) 등의 품목을 취급하는 업종이다.

마지막으로 레스토랑 관련 업종이다. ISETAN, KEIO, LUMINE EST, ODAKYU, PARCO, SEIBU백화점에 입점한 레스토랑을 모두 고찰의 대상에 넣었다. 레스토랑의 범주로 일본식(和食), 양식(洋食), 카페(カフェ), 커피숍(コーヒーショップ), 튀김(天ぷら), 돌솥밥(釜飯), 중화(中華), 메밀국수(そば), 한국요리(韓国料理) 등에 관련된 점포를 모두 포함하였다.

3.3 자종의 분석

이하의 절에서는 3.2절에서 제시한 업종별 분류 기준으로 점포의 상호 표기 자종을 분석하고자 한다.

3.3.1 전체 분석

먼저 모든 업종을 통합한 경우부터 살펴보도록 하자.

〈표2〉 전체 점포의 상호 표기 자종

	한자가나형	가타카나형	알파벳형	숫자형	전체
개수	463개	2459개	153개	30개	3,105개
%	15%	79%	5%	1%	100%

전체 3,105개의 점포 상호를 표기한 자형 가운데, 한자가나형의 자종이 463개로 15%를 차지하였다. 가타카나형의 자종은 2,459개로 무려 79%를 차지하였으며, 알파벳형의 자종은 153개 점포로 약 5%를, 숫자형의 자종은 30개 점포로 약 1%를 차지하는 것으로 나타났다.

<표2>에 제시된 수치를 통해 백화점에 입점한 점포는 상호를 대부분 가타카나형의 자종으로 표기하는 것을 알 수 있다. 그러나 이미 언급한 것처럼 일본사정을 더 정확하게 살펴보기 위해서는 업종별로 자종의 쓰임새를 자세히 살펴볼 필요가 있다.

이하의 절에서는 업종별로 점포 상호를 표기한 자종을 살펴보기로 한다.

3.3.2 식료품

아래의 <표3>을 보면 식료품 관련 업종에서는 한자가나형이 압도적으로 높은 것을 확인할 수 있다. <표3>-<표10>의 백분율이 100%가 되는 경우와 안 되는 경우가 있는데 그 이유는 반올림 여부 때문임을 밝혀둔다.

〈표3〉 식료품별 자종

	한자가나형	가타카나형	알파벳형	숫자형	전체
ISETAN	92(57%)	56(35%)	11(6%)	0(0%)	159(100%)
KEIO	56(65%)	28(32%)	2(2%)	0(0%)	86(100%)
ODAKYU	95(63%)	50(33%)	5(3%)	0(0%)	150(100%)
SEIBU	82(75%)	26(23%)	0(0%)	0(0%)	108(100%)
전체 비율	325(65%)	160(32%)	18(4%)	0(0%)	503(100%)

식료품별로 표기된 자종을 보면 한자가나형의 자종 비율은 무려 65%로 가타카나형 자종의 32%를 크게 앞서고 있다. 알파벳형의 자종은 4%, 숫자형의 자종은 하나도 확인되지 않았다. 한자가나형의 자종으로 이토엔(伊藤園), 아지사키(味咲き), 기분(紀文), 구로부네(黒船), 쓰지가하나(辻が花), 긴자아케보노(銀座あけぼの) 등의 예를 들 수 있다.

업종을 더 세분화해서 살펴보면 한자가나형의 자종 예로는 도시락·반찬(弁当·惣菜)에 관련한 점포 상호로 욘리쿠(四陸), 야마토야(大和屋), 덴쵸(天長), 스즈토미(鈴富), 규에몬(久右衛門), 가이신(貝新), 지유가오카 아엔(自由ヶ丘あえん), 후쿠쓰치(福槌), 마스모토(升本), 고하쿠도(琥珀堂), 기무라야(木村屋) 등을 들 수 있다. 일본 전통과자(和菓子)에 관련된 점포 상호로 센타로

(仙太郎), 엔카텐(円菓天), 간라(かんら), 세이코테이(西光亭), 긴자아케보노(銀座あけぼの), 스즈카케(鈴懸), 미카사야마(御笹山), 니혼챠카(日本茶菓), 하나조노만쥬(花園饅頭), 이마메가시(今め菓子), 우지시키부노사토(宇治式部郷) 등의 예를 들 수 있다. 일본차(日本茶)에 관련된 점포 상호로는 쓰루야요시노부(鶴屋吉信), 간바야시슌쇼(上林春松), 우오카시메이차(うおかし銘茶), 료구치야코레키요(両口屋堤清), 오이마쓰(老松) 등의 예를 들 수 있으며, 일본특선(和特選)에 관련한 점포 상호로는 도쿄킷쵸(東京吉兆), 쇼후쿠로(招福桜), 우오큐(魚久), 메이텐노아지(銘店の味), 야마가타야(山形屋), 가시마야(加島屋), 챠세키가시(茶席菓子), 도라야(とらや) 등의 예를 확인할 수 있다. 신선식품(生鮮食品)에 관련한 점포 상호로는 후쿠타로(福太郎), 기분(紀文), 우오세이(魚勢), 도신수이산(東信水産), 아사쿠사이마항(浅草今半), 오구라야(小倉屋), 규슈야(九州屋) 등을 들 수 있으며, 일본전통주·청과(日本酒·青果)에 관련한 점포 상호로 고로쿠야(ころくや)를 들 수 있다. 정육·가공육(精肉·加工肉) 관련한 점포 상호로는 정육점 모리야스(肉屋モリヤス), 된장·면류(味噌·めん類), 감미끽차(甘味喫茶) 등이 확인되었다. 건어물·조림·김(干物·佃煮·海苔)에 관련한 점포 상호로는 잇포도챠호(一保堂茶舗), 이토엔(伊藤園), 가키야스(柿安), 신바시다마키야(新橋玉木屋), 닌벤(にんべん), 하마사쿠(浜作) 등의 예가 확인되었다. 선물·낫토·초밥(進物·納豆·寿司)에 관련한 점포 상호로는 우오코(魚耕), 우오야테이(うおや亭) 등의 예가 보였다. 쌀(米)에 관련한 점포 상호로 기쿠타야 미곡점(菊太屋米穀店)이 확인되었다.

가타카나형의 자종 예로 블루밋슈(ブールミッシュ), 메존카이자(メゾンカイザー), 모르조흐(モロゾフ), 가키야스 다이닝(柿安ダイニング) 등을 들 수 있다. 업종을 세분화해서 살펴보면 빵(パン)에 관련한 점포 상호로 루비앙(ルビアン)이 확인되었으며, 청과(青果)에 관련해서는 마리아쥬후레루(マリアージュフ

レール) 등의 예가 확인되었다. 도시락·반찬(弁当·惣菜)에 관련해서는 빅오븐(ビッグオーブン), 로젠하임 키친(ローゼンハイムキッチン), 아이 미트다이닝(アイ·ミートダイニング) 등의 예가 확인되었다. 서양과자(洋菓子)에 관련한 점포 상호로는 욧쿠못쿠(ヨックモック), 모로조프(モロゾフ), 브루밋슈(ブールミッシュ), 고데이바(ゴディバ), 데오브로마(テオブロマ), 안테노르(アンテノール) 등의 예가 확인되었다. 도시락(弁当)에 관련해서는 도시락 스테이션(お弁当ステーション)이 확인되었으며, 두부·절임·간장·소금·사탕·차(豆腐·漬物·醤油·塩·砂糖·茶) 관련해서는 더 가든(ザ·ガーデン) 등의 예가 확인되었다.

셋째, PAOPAO, RL, SOLA, It's SANDWICH MAGIC, Wa·Bi·Sa 등의 예는 알파벳형의 자종이 점포 상호로 표기된 전형적인 예들이다.

마지막으로 숫자형의 자종은 보이지 않았다.

사진 11〉 一保堂

사진 12〉 伊藤園

사진 13〉 morozoff

사진 14〉 Wa·Bi·Sa

3.3.3 부인복

이번에는 여성 의류 즉 부인복을 취급하는 점포의 상호 표기 자종을 살펴보기로 하자. <표4>를 보도록 하자.

〈표4〉 부인복 취급 점포 상호 표기 자종

	한자가나형	가타카나형	알파벳형	숫자형	전체
ISETAN	2(0.1%)	249(91%)	17(6%)	4(1%)	272(100%)
KEIO	6(3%)	156(89%)	11(6%)	1(0.1%)	174(100%)
ODAKYU	5(2%)	171(90%)	7(3%)	5(2%)	188(100%)
SEIBU	4(2%)	168(87%)	15(7%)	6(3%)	193(100%)
전체 비율	17(2%)	744(89%)	50(6%)	16(1%)	827(100%)

부인복 관련 점포 상호를 표기한 자종을 보면 가타카나형이 89%로 가장 높고 알파벳형이 6%, 한자가나형 2%, 숫자형이 1%로 각각 그 뒤를 잇고 있음을 확인할 수 있다.

한자가나형의 자종 예로는 이타리야(伊太利屋), 구미쿄쿠(組曲), 지유쿠(自由区) 등을 들 수 있다.

가타카나형의 자종으로는 잇세이 미야케(イッセイ ミヤケ), 잉게보르그(インゲボルグ), 에스카다스포트(エスカーダスポート), 카르파크레인(カールパークレーン), 긴자 마기(銀座マギー), 샤넬(シャネル), 쥰아시다(ジュンアシダ), 세오리(セオリ), 쓰모리치사트(ツモリチサト), 데시구아르(デシグアル), 내츄럴뷰티(ナチュラルビューティ), 히로코비스(ヒロコビス), 핑키＆다이안(ピンキー＆ダイアン), 프라치나오라(プラチナオーラ), 프라이드 글라이드(プライドグライド), 막스안도고(マッ

クスアンドコー), 메이슨그레이(メイソングレイ), 유키토리 인터네셔널(ユキトリキ
インターナショナル), 모가(モガ), 모디파이(モディファイ), 고모코시노(コマコシノ), 레
리안프라스하우스(レリアンプラスハウス) 등의 예를 들 수 있다.

 알파벳형의 자종으로는 AG바이아크아가르(AGバイアクアガール), A・R아
자레아로즈(A・Rアザレアローズ), 갸바진K.T(ギャバジンK.T), 소니아by소니아리
키에르(ソニアbyソニアリキエル), DKNY, ICB, MK밋세르크랑(MKミッシェルク
ラン), MAX&Co., MMIX바이아바스스톱(MMIXヴィアバスストップ), M&N KYOTO
wb 등을 들 수 있는데, DKNY, ICB에서 보듯 알파벳으로만 구성된 자종
이 있는가 하면, MMIX바이아바스스톱(MMIXヴィアバスストップ)에서 보듯
가타카나와 알파벳이 혼용된 것도 있다.

사진15〉伊太利屋

사진16〉銀座マギー

마지막으로 숫자형의 자종으로는 22오쿠토블(22オクトーブル), 바지레28 (バジーレ28), 45R, 7-ID 콘셉트(コンセプト), 23区, 4298 등의 예를 들 수 있는데, 흥미로운 것은 4298과 같이 숫자로만 구성된 경우와 7-ID 콘셉트 (コンセプト)와 같이 '숫자+알파벳+가타카나'로 다양한 자종으로 혼용된 표기가 존재한다는 것이다.

사진 17〉 MAX&Co.　　　　　　　　　　　사진 18〉 4298

3.3.4 부인 잡화

〈표5〉는 부인 잡화 관련 점포 상호를 표기한 자종을 수치화한 것이다.

〈표5〉 부인 잡화별 자종

	한자가나형	가타카나형	알파벳형	숫자형	전체
ISETAN	2(2%)	93(94%)	3(3%)	0(0%)	98(100%)
KEIO	5(5%)	84(87%)	6(6%)	1(1%)	96(100%)
ODAKYU	8(3%)	201(93%)	5(2%)	2(0.1%)	216(100%)
SEIBU	2(1%)	132(92%)	8(5%)	0(0%)	142(100%)
전체 비율	17(3%)	510(92%)	22(4%)	3(1%)	552(100%)

부인 잡화 관련 점포 상호를 표기한 자종 비율을 보면 가타카나형이 92%로 가장 높다. 알파벳형이 4%, 한자가나형이 3%, 숫자형이 1%로 각각 그 뒤를 잇고 있다.

한자가나형의 자종으로는 긴자카네마쓰(銀座かねまつ, 구두/핸드백), 구미쿄쿠(組曲, 악세사리, 핸드백), 니와카(俄, 악세사리), 히미코(卑弥呼, 구두), 시세이도(資生堂, 화장품), 치후레(ちふれ, 화장품), 샤라(しゃら, 기모노·기모노 소품) 등의 예를 들 수 있다.

가타카나형의 자종으로는 아갓토(アガット, 악세사리), 아나스이(アナスイ, 구두), 사사비(サザビー, 핸드백), 긴자 요시노야(銀座ヨシノヤ, 구두), 가오 소피나(花王ソフィーナ, 화장품), 가리앙(カリアング, 구두), 가오 에스트(花王エスト, 화장품), 포라(ポーラ, 화장품), 콜럼부스(コロンブス, 구두 케어 용품), 스와로프스키(スワロフスキー, 악세사리) 등의 예를 들 수 있다.

알파벳형 자종의 대표적인 예로는 BIBI(헤어악세사리), 마크BY마크제이콥스(マークBYマークジェイコブス, 구두·핸드백), CAC(화장품), I.T.A(시계), WC(시계), A·D·A(악세사리), RMK(화장품), M·A·C(화장품), Q-pot(악세사리), TASAKI(보석) 등을 확인할 수 있다.

마지막으로 숫자형의 자종 예로는 4℃(악세사리), SK-Ⅱ(화장품), 17℃바이브론도르(17℃バイブロンドール, 악세사리) 등을 들 수 있다.

3.3.5 남성복 잡화(남성복+남성 잡화)

이 절에서는 남성복 잡화를 취급하는 점포의 상호를 표기한 자종을 살펴보기로 한다. 다음의 <표6>을 보도록 하자.

〈표6〉 남성복 잡화 관련 점포 상호 표기 자종

	한자가나형	가타카나형	알파벳형	숫자형	전체
ISETAN	0(0%)	132(88%)	14(9%)	3(2%)	149(100%)
KEIO	0(0%)	48(90%)	3(5%)	2(3%)	53(100%)
ODAKYU	1(2%)	41(89%)	3(6%)	1(2%)	46(100%)
SEIBU	0(0%)	59(95%)	1(1%)	2(3%)	62(100%)
전체 비율	1(0.3%)	278(90%)	21(7%)	8(3%)	310(100%)

〈표6〉을 보면 남성복 잡화를 취급하는 점포의 상호 표기 자종에서 가타카나형의 자종이 차지하는 비중이 90%에 이르는 것을 알 수 있다. 알파벳형은 7%로 비교적 높은 편이며, 숫자형 3%, 한자가나형이 0.3%로 각각 그 뒤를 잇고 있다.

한자가나형의 자종 예로는 유일하게 고타이리쿠(五大陸, 신사복)을 들 수 있다.

가타카나형의 자종 예로는 폴 스튜아트(ポールスチュアート, 신사복), 뉴요커(ニューヨーカー, 신사복), 헨리 코튼즈(ヘンリーコットンズ, 신사복), 파파스(パパス, 신사복), 요지야마모토(ヨウジヤマモト, 신사복), 마모트(マーモット, 캐쥬얼 숍), 버버리(バーバリ, 신사복), 다케오키쿠치(タケオキクチ, 신사복), 폴 스튜아트(ポールスチュアート, 남성용 우산), 심플 라이프(シンプルライフ, 남성 캐쥬얼복) 등의 예를 들 수 있다.

알파벳형으로 A.P.C.(신사복), GFB(정장), J프레스(신사복), ck카르뱅크라인(ckカルバンクライン, 신사복), cp컴퍼니(cpカンパニー), gotairiku(신사복), 미리텟드에디숀A.A.R(リミテッドエディションA.A.R, 신사복) 등의 자종을 들 수 있다.

숫자형의 예로는 L.B.M.1911(신사복), M039(남성복), 체르쓰티1881(チェル

ツティ1881, 신사복), PT05(청바지), 브로켓지·프링글1815(ブロウケッジ·プリン

グル1815, 신사복), H2컴퍼니(H2カンパニー, 신사화), ABC마트(ABCマート, 신사화)

등을 들 수 있다.

사진 19〉 五大陸

사진 20〉 A.P.C.

사진 21〉 L.B.M.1911

사진 22〉 H2カンパニー

3.3.6 인테리어 및 생활 잡화

인테리어 및 생활 잡화에 관련된 점포의 상호를 표기한 자종을 정리하
면 다음의 <표7>과 같다.

<표7> 인테리어 및 생활 잡화 관련 점포 상호 표기 자종

	한자가나형	가타카나형	알파벳형	숫자형	전체
KEIO	13(17%)	60(78%)	3(3%)	0(0%)	76(100%)
ODAKYU	6(7%)	69(88%)	3(3%)	0(0%)	78(100%)
SEIBU	6(5%)	94(91%)	3(2%)	0(0%)	103(100%)
전체 비율	25(9%)	223(86%)	9(3%)	0(0%)	257(100%)

<표7>을 보면 인테리어 및 생활 잡화에 관련된 점포 상호의 표기 자종 가운데 가타카나형의 자종이 86%로 가장 많고, 한자가나형 자종이 9%, 알파벳형이 3%로 그 뒤를 잇고 있다. 숫자형은 0%로 단 하나의 자종도 확인되지 않는다. 한자가나형 자종 예로는 고란샤(香蘭社, 공예품), 도쿄마스이와야(東京ますいわ屋, 포목), 요쓰야 산에이(四谷三栄, 포목), 다카토미(孝富, 옷감 주문), 다치키치(たち吉, 특선 식기), 인덴야(印伝屋, 생활 잡화), 후카가와세이지(深川製磁, 특선 식기), 오쿠라토엔(大倉陶園, 특선 식기), 겐에몬(源右衛門, 특선 식기), 후루후루(布流布流, 조화), 세이카쓰노키(生活の木, 생활 잡화), 사오리(さをり, 생활 잡화), 상아이(三愛, 수영복), 유나카가와(遊中川, 생활 잡화), 이와키(いわき, 안경), 게이분도(啓文堂, 서적), 마루젠(丸善, 문구・사무용품), 규쿄도(鳩居堂, 생활 잡화) 등을 들 수 있다.

가타카나형 자종의 대표적인 예로는 시계 전문점인 세이코(セイコー, 시계), 하밀튼(ハミルトン, 시계), 론진(ロンジン, 시계), 시티즌(シチズン, 시계), 가시오(カシオ, 시계), 오메가(オメガ, 시계) 등을 비롯하여 로프테 침공방(ロフテ枕工房, 침구), 덴퓨르(テンピュール, 침구), 센츄리(センチュリー, 시계), 세레모아 쓰쿠바(セレモアつくば, 불단 용품) 등의 예를 확인할 수 있다.

알파벳형 자종의 예로 ST&C(생활잡화), CK(시계・선글러스・보석), KP(유

아복·아동복), GC(시계), WMF(조리용품), PJC(간병·건강용품), J.프레스(J.プレス, 나이키 키즈), 미키하우스 스타블B(ミキハウスダブルB, 유아복·아동복), F&F(유아복·아동복) 등을 들 수 있다.

마지막으로 숫자형 자종은 하나도 확인되지 않았다.

사진 23〉 東京ますいわ屋

사진 24〉 ロフテ枕工房

사진 25〉 GC

사진 26〉 ST&C

3.3.7 스포츠 패션

스포츠 패션에 관련된 점포 상호를 표기한 자종을 정리하면 다음의
<표8>과 같다.

〈표8〉 스포츠 패션 관련 점포 상호 표기 자종

	한자가나형	가타카나형	알파벳형	숫자형	전체
ODAKYU	1(1%)	70(88%)	7(8%)	1(1%)	79(100%)
SEIBU	1(2%)	43(91%)	2(4%)	1(2%)	47(100%)
전체 비율	2(2%)	113(89%)	9(7%)	2(2%)	126(100%)

스포츠 패션 관련 점포의 상호를 표기한 자종을 보면 역시 가타카나형
의 자종이 거의 90%에 육박하는 것을 알 수 있다. 알파벳형이 7%, 숫자
형과 한자가나형이 각각 2%로 그 뒤를 잇고 있다.

한자가나형의 자종 예로는 히다마리 산소(ひだまり山荘,등산용품)를 들
수 있다.

가타카나형의 자종으로는 아식스(アシックス, 수영), 오니쓰카 타이가(オ
ニツカタイガー, 스포츠 캐쥬얼), 간타베리(カンタベリー, 스포츠 캐쥬얼), 스리아(スリア,
피트니스 러닝) 등의 예를 들 수 있다. 오니쓰카 타이가(オニツカタイガー, 스포
츠 캐쥬얼)의 오니쓰카(オニツカ)는 순수일본어를 가타카나로 표기한 것이기
에 흥미롭다.

알파벳형의 자종으로 ACE(여행용품), MBT(스포츠화), LABODY(휘트니스 러
닝), MU스포츠(MUスポーツ, 골프 웨어), CW-X(휘트니스 러닝), ZOY(골프) 등을 확
인할 수 있다.

숫자형 자종으로는 C3fit(휘트니스 러닝), 23쿠 스포츠(23区スポーツ, 골프 웨

어), EA7(휘트니스 러닝) 등의 예가 확인되었다.

3.3.8 레스토랑(카페, 커피숍, 식당)

마지막으로 레스토랑에 관련된 점포의 상호를 표기한 자종을 정리하면 다음의 <표9>와 같다.

<표9> 레스토랑 관련 점포 상호 표기 자종

	한자가나형	가타카나형	알파벳형	숫자형	전체
ISETAN	12(40%)	15(50%)	3(10%)	0(0%)	30(100%)
KEIO	10(23%)	32(76%)	0(0%)	0(0%)	42(100%)
LUMINE EST	16(40%)	21(52%)	2(5%)	1(2%)	40(100%)
ODAKYU	11(68%)	4(25%)	1(6%)	0(0%)	16(100%)
PARCO	13(59%)	8(36%)	1(4%)	0(0%)	22(100%)
SEIBU	11(78%)	3(21%)	0(0%)	0(0%)	14(100%)
전체 비율	73(45%)	83(51%)	7(4%)	1(1%)	164(100%)

<표9>를 보면 한자가나형 자종과 가타카나형 자종의 비율이 45%, 51%로 거의 비슷한 비율을 차지하는 것으로 나타났다. 알파벳형 자종은 4%, 숫자형 자종은 1%에 불과하였다.

한자가나형 자종으로 다지마야 커피점(但馬屋珈琲店), 사이카보(妻家房, 한국 순채요리), 류몬(竜門, 중화요리점), 스즈라오혼텐(つづらお本店, 메밀국수·밥상), 교노차야(京の茶屋, 일식집), 후타바(双葉, 장어), 도안카(桃杏花, 중화요리점), 텐이치(天一, 튀김), 쓰나안(綱庵, 메밀국수점), 후쿠스케(福助, 은어요리집), 와코(和幸,

돈가스), 사가미(さがみ, 선채), 세이게쓰도(淸月堂, 프랑스요리), 나다만힌칸(なだ万賓館, 일본요리), 류호(竜鳳, 음차), 다고토코에쓰호(田ごと光悦舗, 일본전통식), 깃쇼(吉祥, 일본전통식), 혼미라쿠(本味楽, 일본 메밀국수), 규베사이안(牛兵衛西庵, 구이), 규슈쟝가라(九州じゃんがら, 라면) 등의 예를 확인할 수 있었다.

가타카나형 자종의 대표적인 예로는 브리양카페(ブリヤンカフェ), 모르데바르테(モルテヴォルテ, 파스타 음식점), 사보텐(サボテン, 돈가스), 프란츠(プランツ, 카페), 마키아벨리(マキャベリ, 레스토랑), 라벳트라다(ラ・ベットラ・ダ, 이탈리아요리점), 그릴마일 나이테(グリルマイルの内亭, 서양음식), 고브리(ゴウブリ, 中華), 그랜드 앗슈(グラウンドアッシュ, 홋가이도 레스토랑) 등의 예가 확인되었다.

알파벳형 자종의 대표적인 예로는 VIDRIO 긴자 비도로(VIDRIO銀座びいどろ, 스페인 요리), 교・챠호 TSURU(京・茶房 TSURU, 음차), AGIO(남유럽 요리전문집), 와카페 nanaha(和カフェ nanaha, 카페) 등의 예가 확인되었다.

마지막으로 숫자형 자종으로는 구루메스타디움Ⅱ(グルメスタジアムⅡ, 일본식)의 예가 확인되었다.

사진 27〉 但馬屋珈琲店　　사진 28〉 ラ・ベットラ・ダ　　사진 29〉 京・茶房TSURU

3.4 정리

백화점에 입점한 점포 전체의 상호를 표기한 자종을 보면 한자가나형의 자종이 15%, 가타카나형 자종은 79%, 알파벳형의 자종은 5%, 숫자형은 1%로 나타났다. 이들 비율은 점포라는 경제적 활동 공간에서 가타카나형의 자종이 차지하는 위상을 단적으로 잘 드러내주는 것이라 생각된다. 즉 현대 일본에서 점주들은 점포 상호를 가타카나로 표기하는 것, 고객들은 가타카나로 표기된 간판을 선호한다는 것을 알 수 있다.

그러나 점포의 업종을 고려하면 반드시 가타카나형의 자종이 우위를 보이지는 않는다. <표10>은 여러 자종이 업종별로 우세를 차지하는 정도가 다르다는 사실을 말해 준다.

〈표10〉 업종별 점포 상호 표기 자종

	한자가나형	가타카나형	알파벳형	숫자형	전체
식료품	65%	32%	4%	0%	100%
부인복	2%	89%	6%	1%	100%
부인잡화	3%	92%	4%	1%	100%
남성복잡화	0.3%	90%	7%	3%	100%
인테리어	9%	86%	3%	0%	100%
스포츠패션	2%	89%	7%	2%	100%
레스토랑	45%	51%	4%	1%	100%

식료품 업종의 점포 표기에서 한자가나형의 자종이 사용된 비율은 65%로 가타카나형의 자종이 사용된 비율 32%보다 훨씬 많다.

레스토랑 관련 업종의 점포 상호 표기에서 한자가나형 자종이 사용된 비율은 45%로 가타카나형의 자종이 사용된 비율 51%에 거의 육박하고 있다.

그 밖에 부인복, 부인 잡화, 남성복 잡화, 인테리어, 스포츠 패션 업종의 점포 표기에서는 한자가나형 자종의 비율은 매우 낮은 반면(오히려 알파벳형의 자종이 사용된 비율이 높다.), 가타카나형 자종은 거의 90%에 육박하고 있다. 숫자형의 자종이 사용된 비율은 매우 낮은 편이다.

3.5 보석상자 효과

<표10>은 표기 자종과 업종이 매우 밀접한 관계를 지닌다는 사실을 말해준다. 따라서 자연스럽게 특정 자종에 가지는 일본인들의 이미지를 생각해 보게 된다. 만약 특정 자종에 대한 일본인들의 집단적 이미지가 존재하지 않는다면 <표10>은 우연의 산물이 되어 버린다. 하지만 <표10>은 결코 우연의 소산이 아니다. 만약 그것이 우연이라고 한다면, 업종에 따라 특정 자종이 선택되는 이유를 어떻게 설명할 수 있다는 말인가? 이 절에서는 아래와 같은 물음을 제기하고 각각의 물음에 대답하는 방식으로 논의를 진행하고자 한다.

    ☞ 의문의 제기
    1) 왜 점포 상호 표기로 한자가 사용되는가?
    2) 왜 점포 상호 표기로 히라가나가 사용되는가?
    3) 왜 점포 상호 표기로 가타카나가 사용되는가?-
    4) 왜 점포 상호 표기로 알파벳이 사용되는가?
    5) 왜 점포 상호 표기로 숫자가 사용되는가?
    6) 왜 점포 상호 표기로 자종의 혼용이 일어나고 있는가?

위의 여섯 가지 물음에 대한 대답으로 진노우치(陣内2007: 6-8)가 제안한 '보석상자 효과'가 크게 관여하고 있는 것으로 생각한다. 제1장과 제2장에서 보석상자 효과를 거론하지 않았지만, J-POP 가수명과 곡명 표기, 장르별 영화 제목 표기 모두 보석상자 효과가 크게 관여하는 것으로 필자는 생각하고 있다.

우선 '보석상자 효과'를 간략하게 소개하고자 한다. 이하 제시하는 설명은 모두 진노우치(陣内2007:6-8)에서 필자의 사견을 더하여 요약 인용한 것이다.

서양 즉 미국에서 어떤 단어가 막부 말기 혹은 메이지 시대의 일본에 들어 왔을 때, 당시의 일본인들은 번역주의를 취했다. 예를 들어 society 라는 단어에 대해 社会라는 한자 번역어가 일본어에 도입되었는데, 그 번역어의 내용이 당시의 사람들에게 무엇인지는 잘 모르나 번역어 그 자체는 사람들로 하여금 묘한 매력을 끌게 하고 고귀한 느낌을 주는 보석상자와 같은 역할을 했다. 보석상자가 그 자체 불투명하고 기품 있는 광채를 지니고 있듯, 의미가 선명하게 드러나지 않고 고귀한 기품을 주기에 충분한 한자 번역어가 보석상자의 효과를 지니기에 충분하였다.

그러나 세월이 흘러 한자 번역어가 지니는 표의성에 의해서 그 의미가 투명하게 사람들에게 인식되는 바람에, 더 이상 보석상자의 지위를 유지하지 못하게 되고, 급기야 의미가 불분명한 가타카나어가 보

사진 30〉 보석상자

석상자의 지위를 이어받게 되었다. 이것은 일본인들이 새로운 것을 선호하고 오래된 것에 크게 가치를 두지 않는 국민성과 관계가 있다.

이상이 진노우치(陣內2007:6-8)의 설명인데, 이러한 보석상자의 개념은 좋은 것, 세련된 것, 매력적인 것, 새로운 것, 신선한 것으로 해석할 수 있다. 즉 번역주의에서 가타카나주의로 방향이 전환된 이면에 좋은 것, 세련된 것, 매력적인 것, 새로운 것, 신선한 것을 추구하는 군중의 심리가 작용한 것으로 해석할 수 있는 것이다. 제1장과 제2장에서 J-POP 가수명과 곡명 표기, SF영화 제목 표기, <표1>에서 본 것처럼 가타카나형 자종이 압도적인 수치를 보이는 사실에서도 이 생각의 타당성이 입증된다.

그러나 <표10>에서 본 것처럼 가타카나형의 자종이 특정한 업종에서는 두각을 나타내기도 하고, 반대로 그렇지 않은 점을 고려하면 보석상자의 효과를 반드시 가타카나형의 자종에서만 찾을 필요는 없다고 생각된다.

즉 우리는 단순히 가타카나형의 자종에 보석상자의 지위를 부여하는 것에서 탈피하여 <표10>에서 드러난 것처럼 업종별로 좋은 것, 세련된 것, 매력적인 것이 가타카나라는 자종에만 국한되지 않고 그 밖의 다양한 자종에도 드러난다는 사실에 주목할 필요가 있는 것이다. 특정한 자종이 표기된 간판은 그 점포의 얼굴이기 때문에 점주가 마음 가는대로 아무렇게나 특정한 자종으로 상호를 표기했다고 보기 어렵다.

가타카나형 자종(엄밀히 말하면 가타카나어)이 사용되는 이유를 보석상자의 효과로 설명된다면, 그 밖의 자종이 우세하게 사용되는 업종에서 가타카나형의 자종이 사용되지 않는 이유를 우리는 어떻게 보아야 하는 것인가? 즉 업종마다 추구하는 보석상자가 다른 것은 아닌지 곰곰이 생각해볼 필요가 있는 것이다.

<표10>은 진노우치(陣内2007:6-8)가 제안한 보석상자의 개념을 확장할 필요성이 있다는 사실을 말해주는 것임을 우리는 인식할 필요가 있다. <표10>은 보석상자의 지위가 반드시 가타카나형의 자종에서 머물지 않고 알파벳형의 자종, 나아가 숫자형의 자종으로 전환되어 나갈 가능성도 잠재되어 있음을 인식해야 한다.

그러면 첫 번째 물음과 두 번째 물음, 즉 왜 점포 상호 표기로 가타카나형이 아닌 한자가나형이 사용되는지에 대해서 살펴보자. 식료품에 관련한 업종에서 한자가나형의 자종이 사용된 비율은 65%로 가타카나형의 자종 32%보다 훨씬 많다. 도시락·반찬(弁当·惣菜)에 관련된 점포 상호로 욘리쿠(四陸), 야마토야(大和屋), 덴쵸(天長), 스즈토미(鈴富), 규에몬(久右衛門), 가이신(貝新), 지유가오카아엔(自由ヶ丘あえん), 후쿠즈치(福槌), 마스모토(升本), 고하쿠도(琥珀堂), 기무라야(木村屋) 등의 예가 확인되었다. 일본 전통과자(和菓子)에 관련된 점포 상호로 센타로(仙太郎), 엔카텐(円菓天), 간라(かんら), 세이코테(西光亭), 긴자아케보노(銀座あけぼの), 스즈카케(鈴懸), 미카사야마(御笹山), 니혼사카(日本茶菓), 하나조노만쥬(花園饅頭), 이마메카시(今め菓子), 우지시키부후루사토(宇治式部郷) 등의 예가 확인되었다. 니혼차(日本茶)에 관련한 점포 상호로 쓰루야요시노부(鶴屋吉信), 간바야시슌쇼(上林春松), 우오카시메이차(うおかし銘茶), 료구치야코레키요(両口屋堤清), 오이마쓰(老松), 도쿄깃쵸(東京吉兆), 쇼후쿠로(招福桜), 우오큐(魚久), 메이텐노아지(銘店の味), 야마가타야(山形屋), 가시마야(加島屋), 챠세키가시(茶席菓子) 등의 예가, 일본 특선(和特選)에 관련된 점포 상호의 예로는 도라야(とらや)가, 신선식품(生鮮食品)으로는 후쿠타로(福太郎), 기분(紀文), 우오세이(魚勢), 도신수이산(東信水産), 아사쿠사 이마항(浅草今半), 오쿠라야(小倉屋), 규슈야(九州屋) 등의 예가 확인되었다. 일본전통주(日本酒)와 청과(青果)에 관련해서는 고로쿠야(ころくや)가, 정

육・가공육(精肉・加工肉)으로는 니쿠야 모리야스(肉屋モリヤス), 된장・면류(味噌・めん類), 감미 끽차(甘味喫茶), 건어물・조림・김(干物・佃煮・海苔)에 관련해서는 잇포도챠호(一保堂茶舗), 이토엔(伊藤園), 가키야스(柿安), 신바시 타마키야(新橋玉木屋), 닌벤(にんべん), 하마사쿠(浜作) 등의 예가, 선물(進物), 낫토(納豆), 초밥(寿司)에 관련해서는 우오코(魚耕), 우오야테이(うおや亭) 등의 예가, 쌀(米)에 관련해서는 기쿠타야미곡점(菊太屋米穀店), 레스토랑에 관련해서는 다지마야 커피점(但馬屋珈琲店), 사이카보(妻家房, 한국 순채요리), 류몬(竜門, 중화요리점), 쓰즈라오혼텐(つづらお本店,そば・ご膳), 교노 챠야(京の茶屋, 일식), 후타바(双葉, うなぎ), 도안카(桃杏花, 중화요리점), 텐이치(天一, 튀김), 쓰나안(綱庵, 메밀국수), 후쿠스케(福助, 은어 요리점), 와코(和幸, 돈가스), 사가미(さがみ, 선채), 세이게쓰도(清月堂, 프랑스 요리), 나다만힌칸(なだ万賓館, 일본 요리), 류호(竜鳳, 음차), 다고토코에쓰호(田ごと光悦舗, 일식), 사보텐(サボテン, 돈가스), 깃쇼(吉祥, 일식), 혼미라쿠(本味楽, 일본 메밀국수), 우시효에이니시앙(牛兵衛西庵, 구이), 규슈쟝가라(九州じゃんがら, 라면) 등의 예가 확인되었다.

상기한 업종의 점포에서는 왜 상호 표기로 가타카나형 자종을 채택하지 않았을까? 결론을 말하자면 이들 업종의 점포에서는 한자가나형 자종으로 상호를 표기하는 것이 보석상자의 효과를 거둘 수 있기 때문이다. 예를 들어 초밥 전문 음식점에서는 가타카나 자종을 쓰면서 굳이 새로운 사물이나 사고의 표현, 새로운 느낌의 표현, 기존의 것과는 구별되는 트렌디한 인상을 굳이 소비자에게 줄 필요가 없기 때문이다. 오히려 스시 맛의 전통이 중요시되는 것이다. 전통적인 스시 맛이 이 업종에서는 좋은 것이고, 매력적이기 때문이다. 가타카나형의 자종이 득세하는 업종에서 간간히 보이는 한자가나형의 자종, 예를 들어 시세이도(資生堂)의 존재는 필자의 이러한 생각을 충분히 뒷받침해준다.

이번에는 세 번째 물음 즉 왜 점포 상호 표기로 가타카나형이 사용되는지에 대해서 살펴보자. 부인복, 부인 잡화, 남성복 잡화, 인테리어, 스포츠 패션 등의 업종에 관련된 점포의 상호 표기 자종으로 가타나가형의 자종이 차지하는 비율은 대부분 90%를 넘거나 혹은 90%에 육박한다. 그리고 레스토랑 업종에서도 주로 양식 전문점이나 카페 등의 업종에서는 가타카나형 자종의 사용이 우세하다. 이러한 현상은 이들 업종의 상호로 표기되는 가타카나형의 자종이 보석상자의 효과를 누릴 수 있다는 사실을 뒷받침해준다. 즉 아갓토(アガット, 악세사리), 아나스이(アナスイ, 구두), 사사비(サザビー, 핸드백), 가오 소피나(花王ソフィーナ, 화장품), 포라(ポーラ, 화장품), 콜럼부스(コロンブス, 구두 관리 용품) 등의 예에서 보듯 악세사리, 구두, 핸드백, 화장품 등의 업종에서는 가타카나 자종을 통해서 당사의 제품이 새롭고 매력적이며 타사의 제품과는 구별되는 것을 최대한 어필하여 전달할 필요가 있기 때문이다.

이번에는 네 번째 의문 즉 왜 점포 상호 표기로 알파벳이 사용되는지에 대해서 살펴보기로 하자. 알파벳형 자종이 표기된 예로 AG바이아쿠아 가루(AGバイアクアガール), A・R아자레 아로즈(A・Rアザレアローズ), 갸바진K.T(ギャバジンK.T), 소니아 by소니아 리키에르(ソニアbyソニアリキエル), DKNY, ICB, MK밋세르크랑(MKミッシェルクラン), MAX&Co., MMIX 비아바스스톱(MMIXヴィアバスストップ), M&N KYOTOwb 등을 들 수 있는데, 이들 알파벳형 자종이 상호로 표기되는 것도 결국 보석상자의 효과로 설명할 수 있다. 한자가나형의 자종과 가타카나형의 자종의 쓰임새를 비교했을 때, 보석상자의 지위가 가타카나형의 자종으로 넘어가는 것이 대세인 것처럼, 언젠가는 보석상자의 지위가 알파벳형 자종으로 넘어갈 것으로 예측된다. 이미 이것은 J-POP 가수명과 곡명에서 입증되었다. 알파벳형 자종이 채택된 비율은 3%~7% 정도로 아직까지는 미약한 편이긴 하지만, 교·사보TSURU(京·茶房 TSURU), AGIO(남유럽 요리), 와카페nanaha(和カフェ nanaha), TASAKI(보석), AOKI(서점), gotairiku(신사복)에서 보듯 한자가나형의 자종으로 표기할 수 있는데도 불구하고, 굳이 알파벳형 자종이 사용되는 것은 이러한 필자의 예측을 뒷받침하는 것이라 할 수 있다. 하밀튼(ハミルトン), 론진(ロンジン), 시티즌(シチズン), 가시오(カシオ), 오메가(オメガ) 등은 가타카나형의 자종으로 표기되는 것을 고수하는 것처럼 보이지만, 홈페이지에 들어가 보면 대부분 알파벳형의 자종으로 표기하고 있는 것을 볼 수 있다.

다섯 번째 물음, 즉 왜 점포 상호 표기로 숫자가 사용되는지에 대해서 살펴보도록 하자. 숫자형의 자종이 사용된 예로 바지르(バジーレ28), 22세 오크토블(22才オクトーブル), 45R, 7-ID컨셉(7-IDコンセプト), 23区, 4298, 4°C, SK-Ⅱ, 17°C 바이브론도르(バイブロンドール), C3fit, EA7 등을 들 수 있다. 숫자형의 자종이 상호로 표기되는 현상을 보석상자의 효과로 설명하기에는 한계가 있어 보인다. 숫자만으로는 의미의 유추가 불가능하기 때문이다. 예를 들어 4298의 표의성은 일본인이 아니고는 유추하기가 불가능하다. 그러나 이 숫자가 요후쿠야(洋服屋, youhukuya)를 의미하는 것을 알면 4298의 표의성을 이해할 수 있다(英和辞典 Weblio, 2014.09.13.). バジーレ28에서 28이라는 숫자가 붙여진 이유는 バジーレ라는 회사가 28번지에 소재하고 있고 28세의 여성들을 타깃으로 정했기 때문이라고 한다(Yahoo知恵袋, 2014.09.13.). 그러나 바지레(バジーレ28), 22살 오크토블(22才 オクトーブル), 45R, 7-ID컨셉(7-ID コンセプト), 23区, 4°C, SK-Ⅱ, 17°C 바이 브론도르(17°Cバイブロンドール), C3fit에서 보듯 숫자형의 자종이 대부분 알파벳이나 한자, 가타카나 자종과 혼용되는 사실에서 보석상자의 효과가 다른

자종과 혼합하여 비로소 실현되는 것으로 생각할 수 있다.

마지막으로 왜 점포 상호 표기로 자종의 혼용이 일어나는지에 대해서 살펴보도록 하자. 자종이 혼용된 예를 찾아본 결과, 전체 3105개 점포 중에서 136개(4%)가 나왔는데, 이는 알파벳형의 153개(5%)에 거의 근접한 수치이다. 직접 예를 확인한 결과, 4°C, SK-Ⅱ, C3fit와 같이 숫자와 알파벳이 혼용된 예, 17°C 바이브론도르(17°Cバイブロンドール)와 같이 숫자와 알파벳과 가타카나가 혼용된 예, VIDRIO 긴자 비도르(VIDRIO銀座びいどろ)와 같이 알파벳, 한자, 히라가나가 혼용된 예, 교·다방(京·茶房TSURU)와 같이 한자와 알파벳이 혼용된 예, 와 카페nanaha(和カフェ, nanaha)와 같이 한자, 가타카나, 알파벳이 혼용된 예, 가호 소피나(花王ソフィーナ)와 같이 한자와 가타카나가 혼용된 예가 확인되었다. 지면의 제약으로 모두 설명할 수 없지만, 필자는 이들 자종의 혼용이 발생한 이면에는 나름 보석상자의 효과를 지향하는 점주(사주, 회사 구성원)의 자의적인 혹은 논리적인 자종의 조합이 있었다고 생각한다.

가오소피나(花王ソフィーナ)를 예로 들면, 가오(花王)라는 표기는 오랜 전통(1887년)을 보여주기 위한 이미지를 강조한다는 점에서 보석상자인 셈이고, 소피나(ソフィーナ)는 기존의 화장품과는 다른, 세련미를 부각시킨다는 점에서 보석상자인 셈이다. 소피나(ソフィーナ)만으로는 보석상자의 이미지를 강조하기에는 역사성이 부족하기 때문에 가오(花王)라는 브랜드를 필요로 해야 했을 것이다. 따라서 가오(花王)와 소피나(ソフィーナ)라는 각각의 보석상자가 결합하여 오랜 경험을 통해 만들어진 좋은 제품, 세련된 제품, 신선한 제품, 기존의 제품과는 구별되는 제품의 이미지를 알리기 위해 가오 소피나(花王ソフィーナ)가 탄생했을 것이다.

3.6 맺음말

지금까지 일본의 백화점에 입점한 점포의 상호 표기 자종을 살펴보았다. 우선 업종을 무시하고 전체 점포의 상호로 표기된 자종을 살펴본 결과, 가타카나형의 자종이 80%에 육박하는 것을 알 수 있었다.

그러나 업종별로 점포의 상호로 표기된 자종을 분석하면 식료품에 관련된 점포에서는 상호를 한자가나형의 자종으로 많이 사용하는 것으로 밝혀졌다. 레스토랑 업종에 관련해서는 한자가나형의 자종이 가타카나형의 자종에 거의 근접하는 것으로 나타났다.

반면에 부인복, 부인 잡화, 남성복 잡화, 인테리어, 스포츠 패션 관련 업종에서는 가타카나형의 자종이 압도적으로 사용되는 것으로 나타났다.

알파벳형의 자종은 업종별로 3~7%의 분포를 보이는 것으로 나타났으며, 숫자형의 자종은 업종별로 0~3%의 분포를 보이는 것으로 나타났다.

지금까지 '보석상자 효과(좋은 것, 세련된 것, 매력적인 것, 신선한 것)'라는 개념을 가지고 업종별로 자종의 분포가 다르게 나타나는 이유를 설명하였다. 즉 업종별로 추구하는 보석상자의 기능이 제각기 다르므로 상호 표기로 다양한 자종이 선택되는 것으로 보아야 한다고 필자는 주장하였다.

제4장
외래어 사용으로 본 일본사회

언어학은 언어 내부의 특성뿐만 아니라 언어 외부의 특성도 아울러 연구한다. 전자와 같이 언어 내부의 특성을 연구하는 언어학을 협의의 언어학이라 부르며, 반대로 언어 외부의 특성을 연구하는 언어학을 광의의 언어학이라 부른다.

광의의 언어학은 특정 국가나 사회에서 구성원들이 무엇을 어떻게 말하며 의사소통하는지, 즉 언어의 운용 양상에 대해 관심을 지닌다. 이와 같이 광의의 언어학은 특정 언어(일본어)를 사용하는 사람들의 언어생활(언어문화)을 관찰하는 것이지만, 그러한 관찰을 통해서 특정 공간(일본)의 사정을 파악하는 데에도 유용하다.

본 장에서 필자는 협의의 언어학적 연구 방식과 광의의 언어학적 연구 방식을 취하여 일본사람들의 언어생활과 일본사정을 들여다보고자 한다. 구체적으로 언급하자면 일본어의 외래어(여성 패션에 관련된 외래어)를 통해서 기존의 연구 방식을 토대로 외래어의 내부구조를 들여다보고, 한 걸음 더 나아가 외래어 사용을 둘러싼 일본인들의 언어생활을 살펴보고자 한다.

4.1 외래어의 사회언어학적 연구의 특징과 방법

말을 통한 일본인들의 언어생활을 연구하는 방식(이하 사회언어학적 연구
방식이라 통칭한다.)은 다양하겠지만, 진노우치(陣内2007:20~32)가 말(외래어)의
사회언어학적 연구 방식을 매우 체계적으로 제시되어 있기 때문에 이하
그의 연구 방식을 소개하고자 한다.

사회언어학적 연구는 '사회성', '집단성', '변이성', '개방성', '실천성'을
지향하는 데에 그 특징이 있다. 우선 '사회성'은 사회언어학이 사람이나
인간 집단이 배경이 된 언어 현상을 연구 대상으로 삼을 때 나오는 특징
이다. 예를 들어 '검둥이'라는 말에는 흑인에 대해 한국인이라는 집단이
가지는 모멸적 뉘앙스가 내포되어 있기 때문에 이 말에는 특정 개체에
대한 특정 집단의 사회성이 잘 드러나 있다고 할 수 있다. 그러한 사회
성을 끝까지 추구하는 집단(혹은 사람)은 인종차별주의자라는 비난에서 자
유롭지 못할 것이다.

둘째, '집단성'을 사회언어학에서 주목하는 것은 말이 사회라는 집단
속에서 사용되기 때문이다. 특정한 말이나 표현이 언어 집단을 구성하는
세대, 성, 직업, 출신 지역 등에 의해서 제각각 어떻게 다르게 사용되며
어떠한 분포를 이루는지, 왜 그러한 분포를 이루는지를 사회언어학자라
면 반드시 알아내야 한다. 예를 들어 '개무시, 알쎄, 대박' 등은 주로 청
년세대가 사용하는 전형적인 예라고 할 수 있는데, 이들 말은 사회언어
학 연구의 주요 과제가 될 수 있다.

셋째, 사회언어학은 말의 '변이성(지시적 의미는 동일하여도 사회적 의미가 다
른 복수의 표현이 존재하는 것)'에 대해서도 당연히 주목한다. 예를 들면 '힐
링'과 '치유'는 거의 동일한 의미이지만 세부적으로 들여다보면 쓰임새가

다르거나 다른 가치가 매겨진다. 이것은 동일한 지시체에 대해 두 가지 이상의 언어 형식이 서로 다른 어감이나 위상, 가치를 지니기 때문일 것이다. 이들을 규명하기 위해서는 우선 외래어의 음형이나 어원 그리고 내부구조의 해명이 전제가 되어야 한다.

넷째, 사회언어학은 또한 다른 학문분야와의 연결 즉 '개방성'을 끊임없이 추구한다. 이는 말의 사회적 속성을 해명하는 것에 주안점을 두는 사회언어학에 있어서 숙명과도 같은 것이라고 할 수 있다. 예를 들어 사회언어학은 '문화인류학', '경제학', '사회학', '사회심리학', '정보학', '정치학', '교육학', '노년학', '여성학' 등의 학문 분야와 끊임없이 소통하는 학문이다.

마지막으로 사회언어학은 사회공헌에 필요하다고 생각되는 가치 있고 고결한 목적 실행을 지향하는 실천적인 면 즉 '실천성'을 추구한다. 왜냐하면 사회언어학은 사회나 일상생활 속에서 생기는 언어 문제, 의사소통 문제의 해결을 실천하는 것에도 큰 관심을 지니기 때문이다.

이상에서 소개한 사회언어학적인 연구의 특징은 세 가지 연구 방법을 통해서 제각각의 존재적 의미가 드러난다. 세 가지 연구 방법을 외래어에 적용하면 '언어 요소로 본 외래어 연구', '언어 운용으로 본 외래어 연구', '언어 사회로 본 외래어 연구'로 요약할 수 있다.

우선 '언어 요소로 본 외래어 연구'란 예를 들어 외래어의 '어원', '외래어의 음형', '어종별 분석' 등을 연구하는 것이다. 즉 이러한 연구 방식은 언어의 '변이성'으로 외래어의 본질을 드러내기 위한 것이라고 할 수 있다. 따라서 본서에서는 이러한 연구 방식에 입각하여 여성 패션에 관련된 외래어의 구조와 음형을 파악한다.

그다음으로 '언어 운용으로 본 외래어 연구'는 외래어가 특정 사회 구성원들의 의사소통에 어떻게 관여하는지를 알고자 하는 연구이다. 구체적으로 말하면 '대인적 의사소통을 중심으로 어떠한 말의 미시적이고 심리적인 면을 대상으로 하는 연구', '외래어와 비외래어의 이미지 차이', '구별 의식', '표현 효과'를 고찰하는 방식으로 연구가 진행된다. 이들 연구 방식을 통해서 외래어의 '집단성', '개방성'이 드러나게 된다. 본서에서는 이 가운데 여성 패션에 관련된 외래어의 개방성(의사소통의 가능성)에 대해서 살펴볼 것이다.

마지막으로 '언어사회로 본 외래어 연구 방법'은 논외로 한다.

4.2 언어 요소로 본 외래어 연구의 이론적 배경

외래어의 내부구조에 관련된 기존의 외래어 연구(cf. 고쿠리스고쿠고国立国語研究所, 1995), 갓켄붓슈(カッケンブッシュ知念寬子, 2008)에서는 원어 어형의 일본어화에 관련된 것 가운데 '생략', '혼종어', '개음절화', '촉음 삽입', '모음의 일본어화', '자음의 일본어화' 등을 다루고 있는데, 본격적인 논의에 들어가기 앞서 기존 연구에 의해 밝혀진 외래어 내부구조에 대해 살펴보고자 한다. 이하의 설명과 예는 고쿠리스고쿠고(国立国語研究所, 1995:9-110)에서 인용한 것임을 밝혀둔다.

첫째, '생략'부터 보도록 하겠다. 생략이란 원어 어형의 일부가 외래어에서 생략된 형태로 나타난 것을 말한다. 먼저 원어의 '기능 형태소'가 외래어에서 생략되는 경우가 있다. 기능 형태소의 생략으로 '복수 접미사 {-s}의 생략', '아포스트로피 {'s}의 생략', '과거 접미사 {-ed}의 생략', '진행형 {-ing}의 생략', '정관사 {the}의 생략'을 들 수 있다. 아래의 예를 보면 원어의 기능 형태소가 외래어에서는 생략되어 있다.

① 복수 접미사 {-s}의 생략: acoustics→アコースチック
② 아포스트로피 {-'s}의 생략: lamb's wool→ラム-ウール
③ 과거 접미사 {-ed}의 생략: condensed milk→コンデンスミルク
④ 진행형 {-ing}의 생략: die casting→ダイカスト
⑤ 정관사 {the}의 생략: off the record→オフレコ, on the air→オンエア

그다음으로 '단어 일부의 생략'을 들 수 있는데, 단어의 후반부가 생략되는 경우와, 전반부가 생략되는 경우, 그리고 복합어가 생략되는 경우가 있다. 실제 예를 제시하면 다음과 같다.

① 후반 생략: amateur→アマ(アマチュア), building→ビル(ビルディング)
② 전반 생략: bottle neck→ネック, dry cleaning→クリーニング
③ 복합어 생략: American football→アメフト(アメリカンフットボール)

둘째, 외래어가 다른 어종의 단어와 섞여서 혼종어화하는 경우가 있다. 예를 들면 '순수일본어(和語)＋외래어→乙女チック', '외래어＋순수일본어→テレビっ子', '한어＋외래어→家庭サービス', '외래어＋한어→アイドル歌手' 등을 들 수 있다.

셋째, 원어에 없던 모음이 외래어에서 추가되는 즉 '개음절화 현상'이 있다. 구체적인 예를 들면 'pass→パス[pasɯ]', 'thrill→スリル[sɯrirɯ]'를 들 수 있다(밑줄 참조, 이하 동일).

넷째, 원어가 외래어가 되면서 촉음이 삽입되는 즉 '촉음 삽입 현상'이 있다. 예를 들면 'hip→ヒップ', 'pitch→ピッチ'를 들 수 있다.

다섯째, 원어의 다양한 모음이 외래어에서 특정한 하나의 모음, 예를 들어 '[a]'로 통일되는 현상이 있다. 'pad[pæd]→パッド[paddo]', 'curve[kə：(r)v]→カーブ[ka:bɯ]', 'bus[bʌs]→バス[basɯ]', 'father[fa:ðə(r)]→ファーザー[hwa:za-]' 등을 예로 들 수 있다. 음성 표기는 필자가 한 것이다.

마지막으로 원어의 자음이 외래어에서 특정한 자음으로 통합되는 현상이 있다. 즉 '[l]'이 '[r]'로, '[θ]'가 '[s]'로, '[ð]'가 '[z]'로, '[v]'가 '[b]'로 표기되는 현상이다. 예를 들면 'fly→フライ[ɸɯrai]', 'bath→バス[basɯ]', 'mother→マザー[maza:]', 'cover→カバー[kaba:]'로 표기된다(발음된다). 원어의 '[r]'은 외래어에서도 '[r]'로, '[s]'는 외래어에서도 '[s]', '[b]'도 외래어에서 '[b]'로 표기된다. 예는 생략한다.

4.3 여성 패션 관련 외래어의 내부구조

여성 패션에 관련된 외래어의 내부구조를 분석한 결과, 순수일본어(和語)와 한자어, 혼종어가 차지하는 비율은 극히 미미하고 외래어가 97%로 압도적으로 많다는 점이 확인되었다. 여성 패션은 아이템, 소재, 색채, 무늬, 스타일룩, 디테일테크닉으로 분류되는데 이하 이들 분류에 속하는 구체적인 예를 제시하면 다음과 같다.

'아이템'에 관련된 외래어로는 'アンフォラパンツ', 'イブニングドレス', 'エスパドリーユ', 'エンパイアドレス' 등을 들 수 있다. '소재'에 관련된 외래어로는 'アセテート', 'イカット', 'ウレタン樹脂' 등을 들 수 있다. '색채'에 관련된 외래어로는 'アイボリー', 'アシッドカラー', 'サフラン・イエロー', 'ジェイドグリーン' 등을 들 수 있다. '무늬'에 관련된 예로 'アラン

模様', 'アーガイル', '鹿の子', 'ギンガムチェック' 등을 들 수 있다. '스타일 룩'에 관련된 예로는 'アイビー', 'アメカジ', 'エキセントリック', 'オーバルライン' 등을 들 수 있다. '디테일 테크닉'에 관련된 외래어로는 'アシンメトリー', 'イントレチャート','ウイングカラー', 'エンパイアウエスト' 등을 들 수 있다.

이하의 절에서는 이상 언급한 여성 패션에 관련된 외래어의 내부구조를 살펴보고자 한다.

먼저 '생략'에는 '기능 형태소의 생략'이 있는데 기능 형태소의 생략에는 다시 '복수 접미사 {-s}의 생략', '아포스트로피 {'s}의 생략', '과거 접미사 {-ed}의 생략', '진행형 {-ing}의 생략', '정관사 {the}의 생략'을 들 수 있다. 조사한 결과, 복수 접미사 {-s}가 생략된 예는 모두 4개가 있었다. 아포스트로피 {'s}가 생략된 예는 1개가 있었으며, 과거 접미사 {-ed}가 생략된 예로는 모두 4개의 예가 확인되었다. 진행형 {-ing}와 정관사 {the}가 생략된 외래어는 단 1개도 없었다. 복수 접미사 {-s}가 생략된 예로는 'trousers'→'トラウザー'가, 아포스트로피 {'s}가 생략된 예로는 'Hound's Tooth'→'ハウンドトォース'가, 과거 접미사 {-ed}가 생략된 것 예로는 'paneled skirt'→'パネルスカート' 등의 예가 확인되었다.

단어 일부의 생략은 단어의 후반부 생략, 전반부 생략, 복합어의 생략을 들 수 있는데, 여성 패션 외래어 일부의 생략을 살펴본 결과, 후반부가 생략된 예는 모두 5개가 있었다. 외래어의 전반부가 생략된 예는 1개도 없었으며, 복합어가 생략된 예는 모두 3개였다. 단어 후반부가 생략된 예로는 'grunge fashion'→'グランジ', 복합어가 생략된 예로는 'American Casual'→'アメカジ'를 들 수 있다.

둘째, 외래어가 혼종어의 일부가 되는 현상을 살펴본 결과, '순수일본

어＋외래어'와 '한어＋외래어'의 순으로 조합을 이룬 혼종어는 1개도 없었으며, '외래어＋순수일본어'의 순으로 된 혼종어는 1개, '외래어＋한어'의 순으로 조합을 이룬 혼종어는 8개가 있었다. '외래어＋순수 일본어'의 순서로 된 실제 혼종어의 예로는 'Satin Finish'→'サティン仕上げ', '외래어＋한어'의 순서로 된 혼종어의 예로는 'opal finishing'→'オパール加工'를 들 수 있다.

셋째, 개음절화 현상이 여성 패션 관련 외래어에서 무려 281건이 출현하였다. 'armlet'→ 'アームレット[a:mɯretto]', 'cowhide'→'カウハイド[kaɯhaido]', 'sand beige'→'サンドベージュ[sando be:zyɯ]', 'Gingham check' → 'ギンガムチェック[gingamɯ chekɯ]', 'casual down'→'カジュアルダウン[kazyuarɯ daɯn]', 'Tassel'→'タッセル[tasserɯ]' 등의 예를 들 수 있다.

넷째, 여성 패션에 관련한 외래어에서 확인되는 '촉음 삽입 현상'은 무려 139개나 확인되었다. 예를 들면 'Elbow patch'→'エルボー・パッチ', 'upper leather'→'アッパー・レザー','acid color'→'アシッドカラー', 'tattersall'→'タッタソール', 'ethnic'→'エスニック', 'shoulder knot'→'ショルダーノッチ'가 확인되었다.

다섯째, 모음의 일본어화 현상인데, 먼저 '[æ]→[a]'의 변환은 93개, '[ə]→[a]'로의 변환은 104개에 이른다. '[ʌ]→[a]'는 43개이며, '[a]→[a]'는 20개이다. '[æ]→[a]'의 예로 'Kelly bag'→'ケリーバッグ', '[ə]→[a]'의 예로 'ostrich feather'→'オーストリッチフェザー', '[ʌ]→[a]'의 예로 'Gunclub check'→'ガンクラブチェック', '[a]→[a]'의 예로 'tartan check'→'タータンチェック'를 들 수 있다.

마지막으로 자음의 통합인데, '[l]→[r]'로 통합된 것은 211개, '[θ]→[s]'는 9개가 출현하였다. '[ð]→[z]'는 5개, '[v]→[b]'는 23개가 출현하였다.

'[l]→[r]'의 예로는 'paisley'→'ペイズリー', '[θ]→[s]'의 예로 'athletic'→'ア
スレチック', '[ð]→[z]'의 예로 'tan leather'→'タンレザー', '[v]→[b]'의 예
로는 'velours'→'ベロアー'를 들 수 있다.

4.4 여성 패션 관련 외래어와 의사소통의 가능성

외래어는 원래 일본어가 아닌 외국어이다. 외국어가 일본에 들어오면
서 원음 그대로 혹은 변형된 형태로 일본어화한 것이다. 이 절에서는 여
성 패션에 관련한 외래어와 외국인이 사용하는 해당 원어와의 의사소통
가능성을 모색하고자 한다.

외래어와 원어를 사용하는 사람들의 의사소통 가능성을 모색하고자
할 경우, 우선 외래어를 어떻게 보느냐는 문제가 생긴다. 외래어를 어떻
게 보느냐에 따라 의사소통 가능성의 폭이 달라지기 때문이다. 진노우치
(陣内2007: 3-17)에 의하면 일본사람들이 외래어를 보는 시점에는 두 가지가
있는데, 하나는 '언어문화론적 관점'이고, 다른 하나는 '언어생활론적 관
점'이다. 전자의 언어문화론적인 관점은 일본어나 일본문화 속에서 외래
어가 긍정적인 혹은 부정적인 영향을 미친다는 관점이다. 반면에 후자의
언어생활론적 관점은 의사소통의 마찰이 발생할 경우, 외래어가 그러한
마찰을 어떻게 해결할 것인가에 주안점을 둔 관점이다.

언어문화론적 관점의 하나로 일본어의 외래어는 '중간언어문화'라는
관점을 들 수 있다. 중간언어문화라는 관점의 타당성은 원어와 외래어의
발음과 어형의 차이에서 비롯된 즉 일본어 외래어의 불완전성에서 뒷받
침된다. 진노우치(陣内2007:8)에 의하면 이러한 불완전성에서 두 가지의 상

반된 시각이 나타난다고 한다. 하나는 외래어를 원어(영어)의 일본어화로 보는 것이고, 다른 하나는 외래어를 일본어의 영어화로 보는 것이다. 전자의 시각이 외래어의 존재를 일본사람들의 입장으로 바라본 것이라면, 후자의 시각은 외래어의 존재를 외국인의 입장으로 바라본 것이라고 할 수 있다.

한편, 언어생활론적 관점의 하나로 일본어의 외래어가 의사소통의 장애를 가져올 소지를 안고 있다는 점을 들 수 있다. 외래어가 다양한 분야에서 사용되며 전문용어로 사용되기 때문에 일본사람들끼리 원활한 의사소통을 행하는 데에 방해가 될 수 있다고 진노우치(陣内2007:7)는 지적한다.

이상 본 것처럼 일본어의 외래어는 언어문화론적으로 또는 언어생활론적으로 일본이라는 공간 속에서 늘 갈등의 소지를 지니고 있다. 이하의 절에서는 외래어의 언어문화론적 관점과 언어생활론적 관점을 살펴보겠다.

4.4.1 언어문화론적 관점

앞에서 언급한 바와 같이 언어문화론적 관점을 지닌 일본사람들은 외래어를 부정적인 혹은 긍정적인 관점을 지니는 사람으로 생각할 수 있는데, 먼저 외래어를 부정적인 관점으로 보는 것부터 살펴보자. 부정적인 관점으로 보는 이유는 다양하겠지만, 필자는 우선 순수한 언어학적인(음성학적인) 차원에서 여성 패션 관련 외래어가 다양한 박자수를 가진다는 점에서 그 이유를 찾고자 한다. 그러면 아래의 <표1>을 보도록 하자.

〈표1〉 여성 패션 관련 외래어의 박자수(%)

	1박	2박	3박	4박	5박	6박	7박	8박	9박	10박	11박	12박
아이템	0	2	6	11	11	25	22	12	5	3	2	1
소재	0	1	16	28	22	13	12	5	1	3	0	0
색채	0	0	13	10	23	23	15	6	8	2	0	0
무늬	0	0	0	0	33	25	25	8	0	8	0	0
스타일룩	0	0	4	16	25	22	15	9	6	1	1	0
디테일 테크닉	0	0	10	18	18	19	18	10	3	3	1	0
전체	0	1	9	17	19	20	17	9	4	3	1	1

<표1>에서 4박어가 17%, 5박, 6박, 7박어가 각각 19%, 20%, 17%를 차지하는 것을 알 수 있다. 2박의 예로는 'ジ/レ(gilet)', 3박의 예로는 'カ/ー/キ(khaki)', 4박의 예로는 'ヴィ/ヴィ/ッ/ド(vivid)', 5박의 예로는 'ア/セ/テ/ー/ト(acetate)', 6박의 예로는 'カ/ー/フ/ス/キ/ン(calfskin)', 7박의 예로 'イ/ン/ト/レ/チャ/ー/ト(intrecciato)', 8박의 예로는 'ア/ル/ス/タ/ー/カ/ラ/ー(ulster color)', 9박의 예로는 'エ/ン/パ/イ/ア/ウ/エ/ス/ト(empire waist)' 등의 예가 확인되었다. 박자수가 길수록 비교적 짧은 박을 선호하는 일본사람들로서는 긴 박자수를 지닌 외래어의 사용에 불편함을 느낄 것이며, 결국 외래어에 대한 부정적인 관점을 가지게 될 소지가 클 것으로 예상된다.

또 다른 이유로 필자는 외래어의 다음절화에서 그 이유를 찾고자 한다. 일본어의 어휘(和語·漢語·外来語·混種語)에서는 일반적으로 4음절을 취하는 것이 가장 많다(cf. 아키모토秋元 2002:51-52). 다음의 <표2>에서도 여성 패션 관련 외래어에서 4음절어가 가장 많은 것을 볼 수 있다.

〈표2〉여성 패션 관련 외래어의 음절수(%)

음절수→	1	2	3	4	5	6	7	8	9	10
아이템	0	6	15	24	21	21	8	2	2	0
소재	0	15	35	25	8	12	3	2	0	0
색채	0	10	23	31	15	10	8	2	0	0
무늬	0	0	0	42	33	8	8	8	0	0
스타일룩	0	4	24	27	25	12	4	2	2	1
디테일테크닉	0	6	26	23	19	15	5	4	0	0
전체	0	8	23	26	18	15	6	1	1	1

〈표2〉를 보면 3음절, 4음절, 5음절, 6음절어가 각각 23%, 26%, 18%, 15%나 된다. 큰 비중을 차지하는 3음절과 4음절은 전체의 외래어 중에서 49%나 되는데, 그것보다 더 긴 음절어도 42%나 된다. 2음절로는 'アー/バン(urban)', 3음절로는 'がー/リッ/シュ(girlish)', 4음절로는 'エ/ス/ニッ/ク(ethnic)', 5음절로는 'コン/サ/バ/ティ/ブ(conservative)', 6음절로는 'サ/イ/ケ/デ/リッ/ク(psychedelic)', 7음절로는 'プ/レ/キ/シ/ガ/ラ/ス(plexiglas)' 등의 예가 확인되었다. 4음절을 선호하는 일본인들이 의사소통의 장애로 다음절의 외래어에 대해 부정적 태도를 취할 가능성이 있다.

반면에 외래어에 대해 긍정적인 관점을 지니는 사람들은 3음절이나 4음절이 차지하는 비중이 전체의 49%나 된다는 점에서 외래어 수용에 대해 긍정적인 태도를 취할 것이며, 5음절, 6음절, 7음절의 외래어도 생략이나 어형의 단축을 통해 음절수(박자수)를 줄이려는 등의 적극적인 노력을 기울이고자 할 것이다.

4.4.2 언어생활론적 관점

이번에는 여성 패션 관련 외래어와 외국인(영어를 모어로 하는 외국인)과의 의사소통 가능성에 대해서 살펴보도록 하자. 앞에서 고찰한 것을 토대로 여성 패션 관련 외래어의 내부구조가 궁극적으로 영어가 일본어화한 데에서 비롯된 것인지, 아니면 일본어가 영어화한 데에서 비롯된 것인지를 살펴보도록 한다.

필자가 여성 패션 외래어의 생략 양상을 살펴본 결과, 여성 패션 관련 외래어의 내부구조가 생략에 의해서 성립된 것보다 그렇지 않은 것이 더 많았다. 예를 들어 '복수 접미사'가 생략된 외래어(4개)보다 생략되지 않은 외래어가 25개로 훨씬 많았다. '아포스트로피 {'s}'의 생략도 1개에 불과했다. 그리고 '과거 접미사가 생략된 외래어'는 4개에 불과한 반면, 그렇지 않은 예는 6개로 오히려 많았다. 또한 '진행형'의 생략은 1건도 보이지 않는 반면에, '진행형'이 생략되지 않은 외래어는 15개나 되었다. '정관사'의 생략은 단 1건도 보이지 않았다. '복수 접미사'가 생략되지 않은 외래어로는 'ダーツ(darts)', '과거 접미사'가 생략되지 않은 예로는 'レイヤード(layered)', '진행형'이 생략되지 않은 예로는 'キルティング(quilting)'를 들 수 있다. 이러한 양상은 영어 모어 화자나 영어를 사용하는 외국인과 일본인들의 의사소통이 원활하게 이루어질 수 있음을 시사해 주는 것이다. 이러한 현상은 동시에 일본어의 영어화라는 사실을 단적으로 뒷받침해 주는 것이기도 하다.

이러한 여성 패션 관련 외래어의 내부구조는 원어 일부의 생략 정도를 확인하는 것에 의해서도 뒷받침된다. 필자가 조사한 바에 의하면 원어의 후반부가 생략된 것은 5개, 전반 부분이 생략된 것은 1개도 없었으며, 복합어가 생략된 것은 3개로, 전체 464개의 외래어 가운데 8개만이 생략된 것으로 나타났다. 이러한 사실을 통해서도 외국인들과 일본인들이 서로 의사소통의 가능성이 높으며 일본어가 영어화한 증거로 생각할 수 있다.

또한 필자는 외래어가 들어간 혼종어가 전체 외래어 중에서 차지하는 비중이 매우 낮다는 사실도 확인할 수 있었다. 480개의 총 어휘 중에서 외래어가 들어간 혼종어는 9개에 지나지 않았다. 예를 들어 'ラミネート 加工'라는 혼종어가 있는데, 이것을 사용하면 원어인 'lamination'을 모어로 하는 원어민과 의사소통을 하는 데에 어려움을 겪을 것이다. 만약 혼종어의 숫자가 압도적으로 많다면 그것은 원어의 일본어화를 뒷받침하는 강력한 증거가 되겠지만, 실상은 그렇지 않다. 따라서 여성 패션 관련 어휘에서 혼종어의 빈약함은 여성 패션 관련 외래어가 외국인과의 의사소통 가능성을 높이는 데에 유효하며 결국 일본어의 영어화라는 사실을 뒷받침하는 것이라 할 수 있다.

그러나 문제는 그렇게 간단하지 않다. 필자가 조사한 바에 의하면 여성 패션 관련 외래어에는 원어에 없던 모음이 추가되는 즉 '개음절화 현상'이 압도적으로 많은 것으로 밝혀졌기 때문이다. 전체 464개의 외래어 중에서 개음절화된 외래어가 281개로 나타난 것이다. 이에 반해 폐음절화는 58개에 불과하였다. 개음절화는 예를 들어 'ikat'가 'イカット[ikatto]'와 같이 외래어가 되면서 모음이 추가되는 언어 현상을 말하며, 폐음절화는 예를 들어 'grosgrain'이 외래어 'グログラン[gɯrogɯraɴ]'이 되면서 원어의 자음이 외래어가 된 이후에도 그대로 남아 있는 언어 현상을 말한다. 개음절화는 일본어에서는 인위적인 노력에 의해서 실현된 것이다. 개음절화가 원어민과의 의사소통에 방해가 된다고 보는 것은 개음절화를 통해 원어의 음가가 훼손되기 때문이다(후술한다.). 따라서 개음절화 현

상은 일본어의 영어화가 아닌 영어의 일본어화를 보여주는 좋은 예라고 할 수 있다.

흥미로운 사실은 일본어는 한국어나 영어와는 달리 개음절 구조를 지니면서도 예외적으로 '발음(ん)'과 '촉음(っ)'으로 끝을 맺는 폐음절 구조를 허용하는데, 여성 패션 관련 외래어에서는 'グログラン[gɯrogɯraN]'에서 보듯 '발음(ん)'에 한해서만 폐음절 구조가 허용된다는 사실이다. '/-n/'으로 끝나는 원어의 경우, 외래어가 되어도 발음(ん)으로 폐음절화하는 데에 대한 일본사람들의 심적 부담이 비교적 덜하기 때문일 것이다.

영어의 일본어화를 뒷받침해주는 또 다른 증거가 있다. 원어가 외래어가 되면서 촉음이 삽입되는 현상이 전체 464개의 외래어 가운데 142개나 확인되었다. 촉음 삽입이 외국인과의 의사소통에 문제가 되는 것은 예를 들어 'baroque pearl'→'バロックパール'에서 보듯 원어에는 없던 촉음이 삽입되기 때문이다. 촉음이 삽입되면서 영어의 일본어화가 일어나 버리고 그 결과 의사소통의 장애가 초래될 것으로 예측되는데 이에 대해서는 후술한다.

원어 모음의 일본어화 현상도 영어의 일본어화를 지지하는 훌륭한 증거가 될 수 있다. 원어의 모음 '[a]'가 외래어에서도 '[a]'가 된 것은 전체 20개에 불과한 반면에, '[æ]'가 '[a]'가 된 것은 93개, '[ə]'가 '[a]'가 된 것은 104개, '[ʌ]'가 '[a]'가 된 것은 43개나 되었다. 원어 모음의 이러한 일본어 모음화는 일본어의 모음에 '[æ], [ə], [ʌ]'가 존재하지 않기 때문에 일어나는 필연적인 현상이라고 할 수 있다. 그러나 이러한 현상은 분명 외국인들과의 의사소통에 문제가 되며 나아가 영어의 일본어화를 보여주는 결정적인 증거라고 할 수 있는데 이 점에 대해서도 후술한다.

마지막 증거로 필자가 조사한 일본어 자음의 통합 현상을 들 수 있다.

'[l]→[r]'로 통합되는 외래어는 무려 211개나 되었으며, '[θ]→[s]'로 통합되는 외래어는 9개, '[ð]→[z]'로 통합되는 외래어는 5개, '[v]→[b]'로 통합되는 외래어는 23개나 확인된다. 이들 현상은 분명 외국인들과의 의사소통에 문제가 되며(후술한다.), 영어의 일본어화를 단적으로 보여주는 것이라고 할 수 있다.

4.4.3 의사소통의 가능성

앞에서 '기능 형태소의 생략', '복합어 전후반부의 생략', '혼종어의 일부'가 되는 정도가 여성 패션 관련 외래어에서 지극히 낮다는 점에서 필자는 외국인들과 일본인들과의 의사소통 가능성이 높으며 이는 곧 일본어의 영어화를 뒷받침해주는 좋은 예가 된다는 것을 강조하였다.

이와는 반대로 '개음절화', '촉음 삽입', '원어(영어) 모음의 일본어화', '원어(영어) 자음의 일본어 자음화'라는 현상을 통해 일본인들과 외국인들과의 의사소통에 지장이 초래될 가능성이 높으며 이는 영어의 일본어화를 지지하는 결정적인 증거가 된다고 필자는 강조하였다.

필자는 외래어의 의사소통 가능성을 알아보기 위해 일본인과 외국인(영국인)의 의사소통의 가능성을 실험해보았다. 대상자는 영국 유학생이다. 먼저 필자는 영국 유학생에게 ①원어-개음절화된 외래어, ②원어-촉음이 삽입된 외래어, ③원어-원어 모음이 일본어화된 외래어, ④원어-일본어 자음으로 통합된 외래어를 2번씩 들려주고 그 의미를 맞히도록 함으로써 의사소통 가능성을 알아보았다. 우선 필자는 그 유학생으로 하여금 원어를 보지 못하게 한 채, 외래어음을 들려주고 그 의미를 맞히도록 하였다. 그다음에 유학생이 원어를 보게 하고 일본어 외래어음을 들

려주며 해당 외래어와 원어의 동일성 여부를 인정할 수 있는지를 물어보았다.

먼저 필자는 원어-개음절화된 외래어 'cowhide-カウハイド', 'camel-キャメル', 'lizard-リザード', 'waffle cloth-ワッフルクロース', 'patch work-パッチワーク'의 소통 가능성을 살펴본 결과, 그 유학생은 외래어음을 통해 원어의 의미를 맞히지 못했을 뿐만 아니라, 원어를 보고도 외래어와 원어의 의미가 동일하다는 것을 인정하지 않았다. 이는 해당 단어를 사용하는 원어민과 외래어를 사용하는 일본인들과의 의사소통이 불가능하다는 것을 말해 주는 것이다.

둘째, 원어-촉음이 삽입된 외래어 'buckle-バックル', 'bustle-バッスル', 'pivot sleeve-ピボットスリーブ', 'mesh-メッシュ', 'organic cotton-オーガニックコットン'에서 'organic cotton-オーガニックコットン'을 제외하고는 의사소통이 어렵다는 사실을 확인하였다.

셋째, 원어-원어 모음이 일본어화된 외래어 'bamboo-バンブー', 'fabric-ファブリック', 'mohair-モヘアー', 'leopard-レオパード', 'Gunclub check-ガンクラブチェック', 'dungaree-ダンがリー'에서 'bamboo-バンブー'와 'dungaree-ダンがリー'를 제외한 나머지 외래어와 원어는 의사소통이 어렵다는 사실을 확인하였다.

마지막으로 원어와 일본어 자음화된 외래어 'ivy-アイビー', 'oval line-オーバルライン', 'athletic-アスレチック', 'see through-シースルー', 'liberty print-リバティプリント', 'color block-カラーブロック', 'tan-leather-タンレザー', 'feather-フェザー'에서 'ivy-アイビー', 'athletic-アスレチック', 'see through-シースルー', 'liberty print-リバティプリン'ト는 2회째 청취 시에 원어와의 동일성을 인정했으나 나머지 원어-외래어에 대해서는 의미가

동일하다는 것을 인정하지 않았다.

영국 유학생의 판정을 통해서 내릴 수 있는 한 가지 결론은 일본어의 외래어가 원어(영어)를 차용해서 만들어진, 일종의 일본어화된 것이라는 관점이 타당하다는 것이다. 만약 영어 원어민들의 논리대로 일본어의 외래어가 일본어의 영어화로 보는 것이 타당하다면 그 영국 유학생은 외래어를 보고 원어의 의미를 모두 알아 맞출 수 있어야 했다.

4.5 맺음말

본서는 일본어 외래어의 내부구조 고찰뿐만 아니라 외래어의 사회언어학적인 연구에 대한 나름대로 공헌을 한 것으로 평가한다. 즉 외래어를 통한 언어문화론적 관점과 언어생활론적 관점을 통해서 일본인들의 언어생활과 일본사정 파악이 가능한 것으로 생각한다. 본서에서 밝혀낸 외래어의 언어문화론적 관점은 4박어와 4음절을 선호하는 일본인들이 높은 박자수와 음절수를 지니는 외래어에 대해 부정적인 관점을 심화시킬 소지가 크다. 그러나 생략을 통해서 비교적 긴 박자어와 음절어를 4박어와 4음절화할 수 있는 방법도 있으므로 여성 패션 관련 외래어에 대한 부정적인 관점을 해소할 가능성은 항상 열려 있다고 하겠다.

한편, 언어생활론적 관점에서 여성 패션 관련 외래어를 보면 원어(영어)의 일본어화 혹은 일본어의 원어(영어)화라는 상반된 관점이 동시에 존재한다는 것을 알 수 있었다. 원어의 기능 형태소 생략, 원어 일부의 생략, 원어의 혼종어화 등은 여성 패션 관련 외래어에서 그 수치가 미미하다는 점에서 일본어의 원어화(영어화)라는 관점이 우세해지는 반면에, 여성 패션 관련 외래어의 개음절화, 촉음의 삽입, 원어 모음의 일본어 모음화, 일본어 자음 통합 현상은 모두 원어의 일본어화라는 관점을 뒷받침하는 것이다. 원어의 일본어화는 원어민과 일본인들과의 의사소통 가능성을 저해하는 커다란 요인이 될 수 있는데, 이 점은 영국 원어민의 판정을 통해서도 충분히 확인할 수 있었다.

이러한 모든 현상은 일본어의 여성 패션 관련 외래어에 원어의 일본어화를 지향하는 것과는 별도로 원어민과의 의사소통 가능성을 지향하는 일본어의 원어화라는 모순된 면이 내포되어 있기 때문에 나타나는 것이라고 할 수 있다. 이러한 모순은 일본인들의 언어생활의 한 단면을 반영하는 것임과 동시에 일본사정의 이해를 위한 작은 열쇠이기도 하다고 생각된다.

제5장
지명으로 본 일본사회

일상의 회화 속에 지명이 자주 등장하는 것은 지명과 인간의 삶이 밀접하게 관련을 지니기 때문일 것이다. 예를 들어 어제 명동에서 쇼핑을 하고, KTX를 타고 부산에 가서 컨벤션 센터에서 모터쇼를 관람하고, 친구들과 해운대에서 생선회를 먹고, 다시 대구로 올라와 그랜드호텔에서 숙박을 하고 아침에 나왔다는 식의 회화를 듣는 것은 드문 일이 아니라 일상다반사로 일어나는 일이다.

그런데 우리나라의 지명을 모르는 외국인이라면 이런 식의 회화에 동참하기가 어려울 것이다. 우리나라의 지명에 대한 지식이 전혀 없기 때문이다. 반대로 우리나라 사람들이 일본에서 생활할 때, 일본의 지명을 잘 모르면 우리 역시 일본인들과 나누는 회화에 몰입하기가 어려워 질 것이다. 지명에는 지명 그 이상의 다양한 생활 문맥적 함의가 내포되기 때문이다. 예를 들면 도쿄의 스가모(巢鴨)라는 지명은 야마노테선(山手線) 가운데 하나의 역명이지만, 그곳은 노인들이 많이 찾는 쇼핑가의 이미지를 지닌다는 사실을 우리나라 사람들은 잘 모를 수 있다. 반대로 도쿄의 시부야(渋谷)나 하라쥬쿠(原宿)는 청년들이 많이 찾는 쇼핑 중심지의 이미지를 도쿄에 거주하는 사람들은 공통적으로 가진다. 또한 도쿄의 신쥬쿠(新宿)는 개인의 브랜드 가치를 측정하는 수단으로 활용되기도 한다. 즉 도쿄의 지역민들은 신쥬쿠에 거주하는 사람에 대해 브랜드 가치를 높게 매기는 경향이 있다. 주택도 마찬가지이다. 신쥬쿠에서 멀어지면 멀어질수록 월세나 지가, 주택의 가격은 낮아진다. 따라서 외지인이나 외국인들은 일본 도쿄의 지명이 담고 있는 내적 정보가 전혀 없기 때문에 지명이 나오는 회화에 도쿄 지역민들과 동일한 수준으로 몰입하기가 어려워질 수밖에 없는 것이다. 이에 일본의 지명을 익혀야 하는 커다란 이유가 될 수 있다.

지명은 어휘 중에서 특수한 측면에 해당한다. 지명이 자연발생적이 아닌, 누군가의 의도적이고 능동적인 명명행위에 의해서 만들어지기 때문이다. 따라서 모든 지명은 언어의 자의성을 위반한다. 즉 어떤 특정한 지명이 그 지명인 것은 필연적인 이유가 있었기 때문이다. 예를 들어 이케부쿠로(池袋)는 표기된 한자를 통해 못의 모양이 자루 모양의 지형을 나타내기 위하여 명명된 것임을 1차적으로 유추할 수 있는데, 이는 실제로 위키페디아 같은 사이트를 통해서 그 진위 여부를 확인할 수 있다. 아울러 지명 그 자체를 유심히 들여다보면, 지명 그 자체가 담고 있는 문화적 코드가 술술 전해지는 놀라운 체험을 하게 될지도 모른다. 따라서 마냥 지명을 암기하는 것보다 표기된 한자를 통해서 지명이 만들어질 때의 상황을 유추하면서 암기하면 지명이 훨씬 잘 기억에 남을 것이며, 그에 따라 지명과 풍토에 대한 일가견도 생길 것으로 생각한다.

그래서 필자는 일종의 시론으로 도쿄도의 JR역명에 나타난 지명의 어원을 분석해 보았다. 필자는 본 장에서 한자 지명의 어원을 1차적으로 해석하는 힘을 독자들에게 부여하고자 한다. 그 지명에 숨은 문화적 코드를 읽어내는 역량을 지닐지 여부는 전적으로 독자들에게 달려 있다. 본 장의 내용을 통해서 현지 일본인들과의 의사소통 가능성을 드높이고,

그것이 심도 있는 일본사정의 이해로 이어지기를 진심으로 바라마지 않는다.

5.1 선행연구의 개요

미나미지마(南島地名研究センター, 2006)는 오키나와(沖縄) 지명을 표기하는 단어의 특징을 분석한 결과, 오키나와의 지명이 섬(鳥島), 집락(マキヨ), 지형(平安名崎)・물(板干瀬), 해안(カニク), 역사 및 민속(オボツ山)에 유래된 것으로 밝혀졌다.

시바타(柴田武, 1987)는 지명을 면(일정 공간)에 붙인 명칭으로 규정하였다. 지명에는 접두사나 접미사가 붙지 않으며, 지명은 쉽게 바뀌지 않는 특성이 있다고 하였다. 지명은 변별화(다른 지명과 구별하려는 특징)와 동일화(다른 지명을 따르려는 특징, 지역예=新十津川)라는 특성이 있다고 하였다.

야스이(安井泉, 2010)는 지명에 따른 명명의 법칙에 대해 설명하였다. 예를 들어 긴자센(銀座線), 마루노우치센(丸ノ内線), 히비야센(日比谷線), 치요다센(千代田線), 유라쿠쵸센(有楽町線), 한조몬센(半蔵門線)의 철도 노선명은 그 노선에 인접한 하나의 역이나 지명을 따서 명명된다고 하였다.

다니엘・롱(ダニエル・ロング, 2012)은 일본의 지명이 지형, 건조물, 사건, 발견자, 저명한 인물, 선주민의 이름, 종교관계, 新자 등의 접두어 등에서 유래된다고 하였다. 미국의 지명에서도 동종의 예가 확인된다고 하였다. 다음의 <표1>은 다니엘(ダニエル・ロング, 2012)에서 인용한 것이다.

〈표1〉 일본과 미국 지명의 유래

由来のパターン	日本の地名の例	海外の地名の例
地形	高山、白川	Salt Lake City
建造物	日本橋	Frankfort
出来事	十日市場	Battle Creek
発見者など	間宮海峡	Columbia
それ以外の著名な人物	北海道の伊達市	Washington, D.C
先住民の名前	札幌	California
宗教関係	国分寺、藤井寺	Christchurch, San Francisco
よその地名	北海道の(旧)広島村	米国各地のBerlin
「新」+古い地名	新十津川	New Jersey
「新」+一般名所	新町	Newton
東西南北+古い地名	西東京、東大阪	West Virginia

그런데 도쿄도의 JR역명을 곰곰이 살펴보면 <표1>과는 다른 유래도 보인다. 이하의 절부터는 다니엘・롱의 분류에 필자의 분류 기준을 새로이 덧붙이는 방식으로 JR역명에 나타난 지명의 유래를 살펴보고자 한다.

5.2 분석 자료 및 분석 방법

분석 자료는 東京都にある駅(JR역 658개역/2015.07)이란 블로그에서 가져왔다. 분석을 위한 기준은 기본적으로 다니엘・롱(ダニエル・ロング, 2012)을 따랐다. 그러나 다니엘・롱(ダニエル・ロング, 2012)의 기준이 적용되지 않는 경우에는 필자의 기준을 덧붙였다.

5.3 분석

도쿄도의 JR역 658개역 명칭을 분석하였더니 <표2>와 같은 결과를 얻을 수 있었다.

〈표2〉 도쿄도 JR역명의 유래

지형	건조물	방위 방향	행정 구역	종교 관계	농사	동식 물	新+ 구지명	기타	합계
175	118	138	41	18	19	18	24	107	658개
27%	18%	21%	6%	3%	3%	3%	4%	16%	100%

도쿄도 JR역명의 유래를 보면 지형이 27%로 가장 많고, 방위 및 방향이 21%, 건조물 18%, 기타가 16%로 각각 그 뒤를 잇는다. 이하의 절에서는 <표2>에 제시한 순서대로 구체적인 예를 들어가며 JR역명으로 도입된 지명의 유래를 살펴보고자 한다.

5.3.1 지형

<표3>은 지형에서 유래된 지명을 정리한 것이다.

〈표3〉 지형에서 유래된 지명

原	坂	川	島	谷	山	野	丘	台	崎	기타	합계
12	5	19	10	17	17	9	7	20	5	122	165
7%	3%	12%	6%	10%	10%	5%	4%	13%	3%	74%	100%

총 165개의 지명 중에서 지형에서 유래된 지명으로 기타 74%로 가장

많고, 높고 평평한 곳(台)가 13%, 내(川)가 12%, 산(山)과 골짜기(谷)가 10%로 각각 그 뒤를 이었다. 위의 <표3>에 제시된 순서대로 일부의 예를 들어가면서 살펴보기로 하자.

먼저 들(原)이 들어간 지명으로는 아이하라(相原), 아키하바라(秋葉原), 가지와라(梶原), 구가하라(久ヶ原), 고타케무카이하라(小竹向原) 등을 들 수 있다. 비탈(坂)이 들어간 지명으로는 아카사카(赤坂), 우시고메가구라자카(牛込神楽坂), 가구라자카(神楽坂), 노기자카(乃木坂), 미야노사카(宮の坂) 등의 예가 확인되었다. 내(川)가 들어간 지명으로는 아키가와(秋川), 이즈미다마가와(和泉多摩川), 에도가와(江戸川), 오가와(小川), 기쿠카와(菊川) 등이 있었다. 섬(島)이 들어간 지명으로는 오시마(大島), 쇼와지마(昭和島), 헤이와지마(平和島), 미카와시마(三河島), 유시마(湯島) 등의 예가 확인되었다. 골짜기(谷)가 들어간 지명으로는 아사가야(阿佐ヶ谷), 이치가야(市ヶ谷), 이리야(入谷), 우구이스다니(鶯谷), 오지가미야(王子神谷) 등의 예가 확인되었다. 산(山)이 들어간 지명으로는 아스카야마(飛鳥山), 오오카야마(大岡山), 오야마(大山), 오다큐나가야마(小田急永山), 온타케산(御嶽山) 등의 예가 확인되었다. 들판(野)이 들어간 지명으로는 우에노(上野), 게세이우에노(京城上野), 다카노(高野), 고탄노(五反野), 나카노(中野) 등이 있었다. 언덕(丘)이 들어간 지명으로 우메가오카(梅ヶ丘), 지유가오카(自由ヶ丘), 세세키사쿠라가오카(聖蹟桜ヶ丘) 등의 예가 확인되었다. 높고 평평한 곳(台)이 들어간 지명으로 아다치오다이(足立小台), 이시카와다이(石川台), 오다이(小台), 오야마다이(尾山台), 시라이토다이(白糸台) 등이 있다. 곶(崎)이 들어간 지명으로 오사키(大崎), 오치아이미나미나가사키(落合南長崎), 시노자키(篠崎), 시바사키(柴崎) 등의 예가 확인되었다. 기타로는 이나기나가누마(稲城長沼), 나가누마(長沼), 하스누마(蓮沼), 모토하스누마(本蓮沼) 등과 같이 늪(沼)이 들어간 지명, 못(沢)이 들어간 오쿠사와(奥沢), 세이부야나기사와(西武柳沢)가 확인되었다. 고다이라(小平), 미타케다이라(御岳平), 미나미다이라(南平), 미야노히라(宮の平)와 같이 평지(平)가 들어간 지명도 있었다. 그 밖에 강(江), 웅덩이(窪), 지(地), 바위(岩), 골목(小路), 강의 모래섬(洲), 못(淵), 여울(瀬), 바다(海), 바닷가(浜), 해안(海岸), 하천(河), 폭포(滝), 모래(砂), 높은 산(嶽), 기슭(麓), 경계(関), 못(池), 나루(津)가 들어간 지명이 있다.

5.3.2 건조물

건조물에서 유래된 지명을 정리하면 다음의 <표4>와 같다.

<표4> 건조물에서 유래된 지명

橋	學校	塚	公園	センター	門	井	園	ビル	街道	기타	합계
26	6	7	11	5	6	9	8	3	3	25	108개
24%	6%	6%	10%	5%	6%	8%	7%	3%	3%	23%	100%

다리(橋)에서 유래된 지명이 24%로 가장 많았다. 실제 예를 들면 아카바네바시(赤羽橋), 아케보노바시(曙橋), 아사쿠사바시(浅草橋), 이다바시(飯田橋), 이케지리오하시(池尻大橋) 등을 들 수 있다. 학교(學校)에서 유래된 지명으로는 오이즈미가쿠엔(大泉学園), 오쓰카・데이쿄다이가쿠(大塚・帝京大学), 가쿠게이다이가쿠(学芸大学), 고마자와다이가쿠(駒沢大学), 도리쓰다이가쿠(都立大学)에서 보듯 모두 대학교 건물이었다. 무덤(塚)에서 유래된 지명으로는 오쓰카(大塚), 고신즈카(庚申塚), 다케노쓰카(竹の塚), 지카테쓰아카쓰카(地下鉄赤塚), 유키가야오쓰카(雪が谷大塚) 등이 확인되었다. 고엔(公園)이

들어간 지명으로는 이노카시라코엔(井の頭公園), 오다이바카이힌코엔(お台場海浜公園), 가사이린카이코엔(葛西臨海公園), 시바코엔(芝公園), 샤쿠지이코엔(石神井公園) 등의 예가 확인되었다. 센터(センター)가 들어간 지명으로는 오다큐타마센타(小田急多摩センター), 게이오타마센타(京王多摩センター), 류쓰센타(流通センター), 텔레콤센타(テレコムセンター) 등이 있었다. 문(門)에서 유래된 지명으로 오나리몬(御成門), 고쿠사이텐지죠세이몬(国際展示場正門), 사쿠라다몬(桜田門), 다이몬(大門), 도라노몬(虎ノ門) 등이, 우물(井)에서 유래된 지명으로 오무라이(小村井), 가와이(川井), 사와이(沢井), 나카이(中井), 하나코가네이(花小金井) 등이 확인되었다. 기타로는 찻집(茶屋), 체육관(体育館), 터미널(ターミナル), 집(屋), 가도(街道), 궁전(宮), 성(城), 도선장(渡船場), 도리이(鳥居), 저택(屋敷), 참배길(参道), 집(戸), 랜드(ランド), 전시장(展示場), 경기장(競技場), 부두(埠頭), 샘(泉), 정비장(整備場), 유원지(遊園地), 전망대(展望台), 과학관(科学館) 등에서 유래된 지명이 있었다. 도쿄스카이쓰리(東京スカイツリー), 도쿄텔레포트(東京テレポート) 등도 건조물에서 유래된 것으로 보인다.

5.3.3 방위 및 방향

방위 및 방향에서 유래된 지명을 조사하였는데, 그 결과를 정리하면 다음의 <표5>와 같다.

〈표5〉 방위 및 방향에서 유래된 지명

前	上	下	東	西	南	北	中	口	합계
33	13	8	25	26	6	12	3	2	128개
26%	10%	6%	20%	20%	5%	9%	2%	2%	100%

前에서 유래된 지명이 26%로 가장 많았으며, 실제 예로 오이케이바죠마에(大井競馬場前), 구마노마에(熊野前), 시죠마에(市場前), 다이시마에(大師前), 도다이마에(東大前) 등의 예가 확인되었다. 上에서 유래된 지명으로는 이케카미(池上), 이케노카미(池ノ上), 가미이타바시(上板橋), 가미마치(上町), 가미샤쿠지이(上石神井) 등의 예가 확인되었다. 上이 접두어 혹은 접미어 형식으로 결합된 것을 볼 수 있다. 下에서 유래된 지명으로는 가쿠슈인시타(学習院下), 구단시타(九段下), 야마시타(山下), 시모아카쓰카(下赤塚), 시모마루코(下丸子) 등을 들 수 있다. 시모아카쓰카(下赤塚), 시모마루코(下丸子)의 下는 접두어, 나머지는 접미어 형식으로 결합된 것을 볼 수 있다. 東에서 유래된 실제 예로 히가시아키루(東秋留), 히가시아즈마(東ぁずま), 히가시고엔지(東高円寺), 히가시후츄(東府中), 히가시무코지마(東向島) 등의 예가 확인되었다. 한국의 지명에도 동대구, 동부산, 동서울처럼 동쪽을 의미하는 접두어가 기존의 도시명에 결합하는 예가 확인된다. 西에서 유래된 예로는 니시아라이(西新井), 니시에이후쿠(西永福), 니시오이(西大井), 니시오지마(西大島), 니시오기쿠보(西荻窪) 등의 예가 확인되었다. 한국에도 서대구, 서부산 등과 같이 서쪽을 의미하는 접두어가 지명에 들어가는 것을 볼 수 있다. 南이 들어간 지명으로는 미나미스나마치(南砂町), 미나미센쥬(南千住), 미나미다이라(南平), 미나타마(南多摩), 미나미마치다(南町田) 등이 있으며 한국에도 남서울, 남대구, 남부산 등에서 보듯 南이 들어간 지명이 있다. 北이 들어간 지명으로는 기타아카바네(北赤羽), 기타시나카와(北品川), 기타아야세(北綾瀬), 기타이케부쿠로(北池袋), 기타하치오지(北八王子), 고호쿠에키(江北) 등을 들 수 있는데, 접미어와 접두어 방식으로 기존의 지명에 결합하는 것을 볼 수 있다.

5.3.4 행정구역

행정구역에서 유래된 지명을 정리하면 다음의 <표6>과 같다.

〈표6〉 행정구역에서 유래된 지명

町	丁	番	境	합계
23	9	2	2	36개
64%	25%	6%	6%	100%

町에서 유래된 지명으로는 이나리쵸(稲荷町), 우치사이와이쵸(内幸町), 에이후쿠쵸(永福町), 에바라마치(荏原町), 오테마치(大手町) 등의 예가 확인되었다. 丁에서 유래된 지명으로는 다키노가와잇쵸메(滝野川一丁目), 혼고산쵸메(本郷三丁目), 요쓰야산쵸메(四谷三丁目), 로쿠쵸(六丁), 롯뽄기잇쵸메(六本木一丁目) 등의 예가 확인되었다. 番과 境는 생략한다.

5.3.5 종교관계

종교에서 유래된 지명을 정리하면 다음의 <표7>과 같다. 불교나 일본 전통종교가 대부분이다.

〈표7〉 종교에서 유래된 지명

神	寺	仏	神社	七福神	経堂	합계
2	7	1	1	1	1	13개
15%	54%	8%	8%	8%	8%	100%

神에서 유래된 지명으로는 오이도미즈진자(大井戸水神), 나카가미(中神)

등의 예가 확인되었다. 寺에서 유래된 지명으로는 기치죠지(吉祥寺), 고엔지(高円寺), 고토쿠지(豪徳寺), 만간지(満願寺), 유텐지(祐天寺) 등이 있었으며, 仏에서 유래된 지명으로는 구혼부쓰(九品仏)이 확인되었다. 神社에서 유래된 지명으로는 아나모리이나리(穴守稲荷)가, 七福神에서 유래된 지명으로는 에비스(恵比寿) 등의 예가 확인되었다.

5.3.6 농사

농사에서 유래된 지명은 다음의 <표8>과 같이 정리된다. <표8>을 보면 논에서 유래된 지명이 95%로 가장 많은 비율을 차지하는 것을 알 수 있다. 밭에서 유래된 지명은 5%에 불과하다.

〈표8〉 농사에서 유래된 지명

田	畑	합계
18	1	19
95%	5%	100%

畑에서 유래된 지명으로 이쿠사바타(軍畑)가 확인되었다. 田에서 유래된 지명으로는 에코타(江古田), 가마타(蒲田), 간다(神田), 고탄다(五反田), 스가모신덴(巣鴨新田) 등의 예가 확인되었다.

5.3.7 동식물

동식물에서 유래된 지명을 정리하면 다음의 <표9>와 같다. 木에서 유래된 지명으로 롯뽄기(六本木), 요요기(代々木) 등을 들 수 있다.

<표9> 동식물에서 유래된 지명

巢鴨	秋津	池袋	木	梅	森	草	芝	林	蓮	합계
1	1	1	6	1	1	2	1	1	1	15

5.3.8 新+원래 지명

新에서 유래된 지명으로는 신아키쓰(新秋津), 신이타바시(新板橋), 신에코타(新江古田), 신키바(新木場), 신시바마타(新柴又) 등의 예가 확인되었다.

5.3.9 기타

기타에서 유래된 지명으로는 다음과 같은 107개의 예가 확인되었다. 아오토(青砥), 아오모노요코쵸(青物横丁), 아리아케(有明), 이오기(井荻), 오지(王子), 오쿠(尾久), 오쿠타마(奥多摩), 오사쿠(小作), 오시아게(押上), 오치아이(落合), 오챠노미즈(御茶ノ水), 가사이(葛西), 가스가(春日), 가타쿠라(片倉), 가치도키(勝どき), 가메아리(亀有), 기타미(北見), 기바(木場), 긴자(銀座), 구니타치(国立), 게이오카타쿠라(京王片倉), 게이오하치오지(京王八王子), 게이세이타테이시(京成立石), 게이세이히키후네(京成曳舟), 고쿠료(国領), 고스게(小菅), 시오도메(汐留), 시오미(潮見), 시바마타(柴又), 시모(志茂), 쥬죠(十条), 시로카네타카나와(白金高輪), 시로마루(白丸), 고마고메(駒込), 고리(古里), 고레마사(是政), 사쿠라죠수이(桜上水), 스미요시(住吉), 세이부신쥬쿠(西武新宿), 센코쿠(千石), 센조쿠(洗足), 조시키(雑色), 소시가야오쿠라(祖師ヶ谷大蔵), 다이바(台場), 다카오(高尾), 다카시마다이라(高島平), 다카타노바바(高田馬場), 다카하타후도(高幡不動), 다키모토(滝本), 다치히(立飛), 다쓰미(辰巳), 다나시(田無), 다바타(田端), 다마(多摩), 다마가와죠수이(玉川上水), 다마이케산노(溜池山王), 지카테쓰나리마스(地下鉄成増), 쵸후(調布), 덴엔쵸후(田園調布), 덴노즈아이루(天王洲アイル), 도쿄(東京), 도고시(戸越), 도고시긴자(戸越銀座), 도도로키(等々力), 도네리(舎人), 도비타큐(飛田給), 도리쓰카세이(都立家政), 나리마스(成増), 닛뽀리(日暮里), 누마부쿠로(沼袋), 누마베(沼部), 네리마(練馬), 노가타(野方), 하자마(狭間), 하타노다이(旗の台), 하치오지(八王子), 핫쵸보리(八丁堀), 하토노스(鳩ノ巣), 하무라(羽村), 하라쥬쿠(原宿), 히키후네(曳舟), 히나타와다(日向和田), 히노데(日の出), 히로오(広尾), 후타마타오(二俣尾), 후츄(府中), 홋사(福生), 후나보리(船堀), 호도쿠보(程久保), 호리키리(堀切), 혼코마고메(本駒込), 마고메(馬込), 미노와(三ノ輪), 무사시마스코(武蔵増戸), 무사시야마토(武蔵大和), 메구로(目黒), 메지로(目白), 야구치노와타시(矢口渡), 야자이케(谷在家), 야히로(八広), 야호(谷保), 요가(用賀), 요요기하치만(代々木八幡), 료고쿠(両国), 로쿠고도테(六郷土手)

상기한 지명들은 지명 그 자체에서 어원을 파악하기가 어렵기 때문에 앞으로 다양한 루트를 통해 어원을 더 자세하게 고찰할 필요성이 있다고 하겠다.

5.4 맺음말-지명의 유래와 일본사정의 이해

지금까지 다양한 사물에서 유래된 지명을 살펴보았는데 그것을 정리하면 다음의 <표10>과 같다. <표10>을 보면, 지형에서 유래된 지명이 27%로 가장 많고, 방위 및 방향, 건조물에서 유래된 지형은 21%, 18%로 각각 그 뒤를 잇고 있음을 알 수 있다.

<표10> 지명의 유래

지형	건조물	방위 · 방향	행정 구역	종교 관계	농사	동식물	新 + 구지명	기타	합계
175	118	138	41	18	19	18	24	107	658개
27%	18%	21%	6%	3%	3%	3%	4%	16%	100%

<표10>은 최소한 다섯 가지의 일본사정을 우리에게 알려준다. 첫째는 지형을 통해서 일본의 도쿄라는 공간의 지형적 특징을 유추할 수 있다는 점이다. 거기에는 들이 있고 비탈길이 있고 강이 있고 섬이 있고 골짜기가 있고 산이 있고 언덕이 있는 것이다. 이러한 지형을 지닌 도쿄를 일본인들이 살아가고 있는 것이다.

둘째는 도쿄라는 공간을 인위적으로 구성하는 상징적인 건조물의 실체를 지명을 통해서 유추해볼 수 있다는 점이다. 도쿄에는 당연히 다양한 건조물이 있으나 모든 건조물이 지명이 될 수 있는 것은 아니다. 지명이 되는 건조물을 파악함으로써 도쿄를 살아가는 현대 일본인들의 특정 건조물에 대한 애착이나 관심 등을 유추해 볼 수 있다.

셋째, 방위나 방향, 종교관계 등을 통해서 일본사람들이 선호하는 방향이나 종교를 유추해볼 수 있다는 점이다. 예를 들어, 에비스(恵比寿)라는 지명의 어원을 살펴봄으로써 칠복신을 둘러싼 일본인들의 종교관을 들여다보고자 하는 동기가 주어질 수도 있을 것이다.

넷째, 일본 도쿄의 지명에서 나타나는 다양한 특징을 우리나라의 지명과 비교하면 지명이 지니는 보편성과 개별성을 이해할 수 있을 것이다. 다양한 특징을 지니는 공간 속에서 살아가면서 자연에 순응하고 때로는 개발하면서 현대의 문화를 일구며 살아가는 보편적인 인간상을 발견할 수 있게 될지도 모른다.

다섯째, 지명을 통한 일본사정(현재, 과거)을 소설이나 고문자료, 인터넷 등을 통해서 자세히 알아봄으로써 특정 지명에 얽힌 일본인들의 애환이나 회한을 들여다보는 계기가 주어질지도 모른다. 필자가 뉴스를 통해서 들은 것이지만 서울의 마포대교가 우리나라에서 자살률이 가장 높은 다리라고 한다. 세상살이에 염증을 느낀 사람들이 자신의 짧은 생을 마감하기 위해 선택한 곳이 바로 다리인 것이다. 한국인들도 이러하듯 일본인들도 다리에 대한 집단적인 의식을 공유하고 있을지도 모를 일이다. 橋가 들어간 아카바네바시(赤羽橋), 아케보노바시(曙橋), 아사쿠사바시(浅草橋), 이다바시(飯田橋), 이케지리오하시(池尻大橋) 등을 검색하면 이들 지명들과 관련하여 일본인들의 다양한 사연, 고뇌 등등을 찾아낼 수 있을지도 모른다. 반드시 橋가 들어간 지명일 필요는 없다. 독자들 각자의 기준, 예를 들어 야마노테센(山手線)에 속한 역명을 통해 일본사정을 이해하는 방법도 있을 수 있기 때문이다.

마지막으로 지명의 관찰은 지역에 숨은 매력이나 사연들을 발굴하는 데에도 매우 도움이 될 것으로 보인다. 예를 들어 필자가 거주하는 대구에는 연호동(蓮湖洞)이란 곳이 있다. 지금은 그 흔적을 찾아보기 어렵지만 2, 30년 전만 해도 이 동네에는 연을 재배하는 아름다운 연꽃호수가 상당히 많았다. 지금은 그런 과거의 흔적은 거의 사라지고 이름만이 남아 있지만, 지명에 숨은 사연을 한자 지명에서 찾을 수 있다는 사실은 실로 경이로운 일이라 하지 않을 수 없다.

제6장
오야지개그로 본 일본사회

6.1 오야지개그란?

오야지개그(おやじギャグ)란 일본의 중년층 남성들이 자주 사용하는 다쟈레(駄洒落)나 지구치(地口)의 요소가 들어간 일종의 언어유희이다. 전자의 다쟈레는 동음어(同音異議語)나 유음어(類音語, 음이 거의 유사한 단어)로 노는 일종의 말놀이 같은 것이다. 후자의 지구치는 속담이나 경구 등 발음이 비슷한 어구를 서로 맞춰서 노는 말놀이를 말한다. 예를 들어 샷타오시샷타(シャッター押ししゃった~)나 오쿠죠니오쿠죠(屋上に置くじょ)로 말하면 샷타(シャッター)와 오시샷타(押しシャッタ), 오쿠죠(屋上)와 오쿠죠(置くじょ)는 의미적으로 전혀 상관이 없지만, 서로 대응하는 단어가 동음어, 혹은 유음어로 의외의 관련성이 부각되면서 상대방으로 하여금 웃음을 유발하게 된다.

오야지개그는 그 종류가 상당히 많으며 다쟈레와 지구치를 근간으로 삼는다는 점에서 그 역사가 유구한 편이다. 최근 우리나라에서도 아재개그라 하여 주로 중장년층들이 즐기는 언어유희가 최근 많이 유행하고 있다. 예를 들면 '웃고 있는 사과는? – 풋사과'라는 식인데, 최신의 유머감각을 따라잡지 못하는 중장년층들이 기존의 어휘를 가지고 노는 말장난이라 생각하면 된다. 필자의 경험에 비추어 볼 때, 아재개그에 흥미를 보이는 청년들을 거의 본 적이 없다. 청년들의 관점에서 보면 시시한 아재개그를 연발하는 중장년층들을 한심할 수도 있다(예의로 웃어주는 착한 청년들도 간혹 있기는 하다.). 한마디로 말하면 중장년층들이 연발하는 아재개그는 요즘 청년들의 말로 표현하면 ×드립이라 할 수 있다.

사진 1〉

사진 2〉

그러나 청년들이 알아두어야 할 것은 먼저 오야지개그와 아재개그가 청년과 중장년층들 사이에 가로 놓인 벽을 허무는 데 유효한 수단이 될 수 있다는 사실이다. 일상의 흔하디흔한 단어로 긴장의 벽을 허물 수 있다는 장점이 오야지개그와 아재개그에 들어 있는 것이다. 둘째는 오야지개그와 아재개그를 연발할 마음을 없다고 할지라도 오야지개그나 아재개그의 소재가 되는 동음어나 유음어 감각을 키워나가면 창의력이 발휘될 수 있다는 점이다. 즉 평소 의미적으로 관계없는 소재들이 아재개그와 오야지개그를 통해서 네트워크화가 되므로 저절로 창의력이 신장될 수 있다고 필자는 믿는다. 사진1>을 보면 'GO득점'은 '고득점'과 동음어이며, 사진2>의 Do dream은 '두드림'과 동음어이다. 일상의 단어를 GO득점, Do dream으로 연결을 지어 표현하면 그것을 보는 사람들은 기억하기가 매우 쉬워지므로 전달력이 가일층 높아질 수 있다. 평소에 아재개그나 오야지개그 감각을 배양해 오던 사람들이라면 자신이 몸 담고 있는 기업에서 생산한 상품 광고나 홍보에 탁월한 능력을 발휘할 수 있지 않을까 필자는 생각한다.

본 장에서는 천호재(2014a, 2014c)의 연구 결과를 바탕으로 오야지개그와 아재개그의 음운론적, 형태론적, 통사론적, 의미론적 차이를 살펴보고자 하나. 야지개그와 아재개그에서 나타나는 다양한 층위의 차이를 이해한 독자들은 그러한 이해가 궁극적으로 일본인들의 언어생활과 일본사정의 이해로 이어질 것이라는 사실을 깨닫게 될 것이다.

6.2 고찰의 대상과 범위

'나쓰미의 오야지개그 500선(なつみのおやじギャグ500選)' 블로그[2]에 들어가면 아래와 같은 오야지개그가 나온다. 그 중 몇 가지 예를 들면 다음과 같다.

마ー돈나 돈나(ま~どんなマドンナ, 어떤 마돈나?)/ 도시타 오시타(どうした大
下, 무슨 일이야? 오시타)/ 지젠니 지젠(事前に慈善, 사전에 자선)/ 겟코나 코
케콧코(結構なコケコッコー)/ 오케오 오케(桶を置け, 통도 둬)/ 니와토리니 니

---

2) <なつみのおやじギャグ500選)>http://planetransfer.com/natsumi/oyajigag/(2013.10.01.)

와토레(ニワトリ二羽捕れ, 닭을 두 마리 잡아)/ 오쿠상모 고쿠상(奥さんも国産, 부인도 국산)/ 메보시이 우메보시(めぼしい梅干, 값진 건매실)/ 하다카노 메다카(ハダカのメダカ, 벌거숭이 송사리)/ 아사가오오 아사가오(朝顔を朝買おう, 나팔꽃을 아침에 사자)/ 단스토 탄스(ダンスとタンス, 댄스와 장농)/ 요데루와 요데루(ヨーデルはよう出る, 요들송이 잘 나와)

한국의 아재개그로는 다음과 같은 예를 들 수 있는데 모두 구글(2016. 03-04)에서 검색한 것이다.

1) 딸기가 회사에서 잘리면? 딸기시럽(실업)
2) 식인종이 우사인 볼트를 보면? 패스트푸드
3) 의사들이 좋아하는 시간은? 내시경(네시경)
4) 매일 미안한 동물은? 오소리
5) 신발이 화나면? 신발끈
6) 세상에서 가장 똑똑한 새는? 하버드
7) 누가 치고 갔을 때 가장 먼저 해야 할 일은? 친자확인
8) 사람이 죽지 않는 산맥은? 안데스 산맥
9) 우유가 넘어지면? 아야
10) 지방흡입의 반대말은? 수도권 배출
11) 맥주가 죽기 전에 남긴 말? 유언비어
12) 세상에서 가장 뜨거운 전화는? 화상전화
13) 가장 야한 가수는? 다비치
14) 세상에서 가장 지루한 중학교는? 로딩중
15) 1년 중 뱀과 벌이 없는 달은? 11월(November)
16) 새를 짜면 뭘까요? 짜임새
17) 김구가 여자를 때리면? 여자친구
18) 소가 전기 때문에 죽으면? 우사인볼트

19) 한가로운 소는? 태평소

20) 소가 불에 타면? 탄소

21) 새가 불에 타면? 타조

22) 오리가 얼면? 언덕(duck)

23) 가장 믿을만한 오리는? 미더덕(믿어 duck)

24) 가장 비싼 새는? 백조

25) 전사가 싸우다 져서 울면? 운전사

26) 고양이가 죽어서 지옥에 가면? 헬로키티(Hell로 Kitty)

27) 직접 만든 총은? 손수건

28) 인기가 많은 강아지는? 개인기

29) 가장 멍청한 강아지는? 무지개

30) 해가 울면? 해운대

31) 해골이 두 개 있으면? 두개골

32) 칼이 정색하면? 검정색

33) 해를 취재하는 사람은? 해리포터

34) 소가 죽으면? 다이소

35) 나무 4그루를 4글자로 줄이면? 포트리스

36) 자동차를 톡 치면? 카톡

37) 설운도가 옷 입는 순서는? 상하의

38) 푸가 숨으면? 스머프

39) 고양이를 싫어하는 동물은? 미어캣

40) 고등학생들이 제일 싫어하는 나무는? 야자나무

41) 누룽지를 영어로 하면? 바비 브라운

42) 지금 몇 시 몇 분이야? 짜장면 시키신 분

43) 화장실에서 방금 나온 사람은? 일본사람

44) 대머리가 사랑에 빠지면 위험한 이유가 뭔지 아세요? 헤어(Hair) 나
올 수가 없어서

45) 깨가 죽으면? 주근깨

46) 우주인들이 술 마시는 곳은? 스페이스 바

47) 곰이 사과를 어떻게 먹을까? 베어(Bear) 먹지

48) 몸에 굉장히 해로운 청바지는? 유해진

49) 슈렉 어머니 이름이 뭘까요? 녹색 어머니

50) 새우가 출연하는 사극은? 대하사극

51) 순댓국이랑 술 마실 때 들깨 넣으면 안 되는 이유? 술이 들깨~~

52) 원숭이를 불에 구우면? 구운몽

53) 학생들이 가장 바쁜 대학은? 부산대학교

54) 서울이 추워하면? 서울시립대

55) 늙은이들이 많은 대학교는? 연세대학교

56) 물가가 싼 대학교는? 인하대학교

57) 스님들이 못 가는 대학교는? 중앙대학교(중, 안 돼)

58) 다리가 이쁘면? 다리미

59) 세상에서 가장 뜨거운 바다는? 열바다

60) 도라지의 중간 사이즈는? 도미디움

61) 도라지의 작은 사이즈는? 도스몰(Large - Medium - Small)

62) 인천 앞바다의 반대말은? 인천 엄마다

63) 사슴이 눈이 좋으면? 굿 아이디어(Good+Eye+Deer)

64) 세상에서 가장 쉬운 숫자는? 190000

65) 남자는 힘! 여자는? Her..

66) 세상에서 가장 뜨거운 과일은? 천도복숭아

67) 미국에서 비가 내리면? USB

68) 세탁소 주인과 카센터 주인이 좋아하는 차는? 구기자차

69) 귀가 불타면? 타이어

70) 자동차가 놀라면? 카놀라유

71) 인도는 지금 몇 시일까? 인도네시아

72) 돌잔치를 영어로 하면? Rock Festival

73) 어부들이 가장 싫어하는 가수는? 배철수

74) 라디오 작가들이 제일 싫어하는 가수는? 노사연

75) 비가 한 시간 동안 내리면? 추적 60분

76) 임금님이 집에 가기 싫을 때 하는 말은? 궁시렁 궁시렁

77) 세상에서 가장 야한 음식은? 버섯

78) 손가락은 영어로 핑거, 그렇다면 주먹은? 오므린 거

79) 세상에서 가장 긴 음식은? 참기름

80) 그다음으로 긴 음식은? 들기름

81) 전화로 세운 건물은? 콜로세움

82) 만약 설날에 아무에게도 용돈을 받지 못했다면 어떻게 될까? 설거지

83) '초콜릿이 달다'를 4글자로? 가나다라

84) 아몬드가 죽으면? 다이아몬드

85) 신사가 자기소개를 하면? 심사임당

86) 겨울에 인기 있는 끈은? 따끈따끈

87) 소나무가 삐지면? 칫솔

88) 푸가 높은 곳에서 떨어지면? 쿵푸

89) 시인이 혼자 있으면? 원시인

90) 송해가 샤워를 하면? 뽀송뽀송해

91) 얼음이 죽으면? 다이빙

92) 누룽지를 영어로 하면? 바비 브라운

93) 치과의사가 싫어하는 아파트는? 이 편한 세상

94) 장롱에서 불이 났다를 다섯 자로 줄이면? 장안의 화제

95) 대통령 선거의 반대는? 대통령 앉은 거

96) 소고기가 없는 나라는? 소고기 무국

97) 최지우가 키우는 개는? 지우개

98) 꿀을 깨에 바르면? 깨달음

99) 소리 없는 용은? 조용

100) 무가 눈물을 흘리고 있으면? 무뚝뚝

일본의 오야지개그는 일상의 발화 속에 등장한 특정 단어를 다른 단어와 동음어, 유음어의 형식으로 연결지어 발화하는 반면에 한국의 아재개그는 수수께끼에 대답하는 형식으로 발화를 한다는 점에서 차이가 있다. 이미 언급한 바와 같이 6.3절부터는 음운론적, 형태론적, 통사론적, 의미론적 층위에서 일본의 오야지개그와 한국의 아재개그를 비교하고자 한다.

6.3 분석의 도구

이 절에서는 본서의 이해를 돕기 위해 음운론적, 형태론적, 통사론적, 의미론적 층위에 관련된 선행 지식을 소개하고자 한다.

먼저 이 절에서는 일본의 오야지개그와 한국의 아재개그의 소재로 사용된 단어의 차이를 음운론적 층위, 즉 음절 수를 기준으로 비교하고자 한다. 음절이란 실제적으로 인간의 귀에 들리는 유의미한 음성학적 단위를 가리킨다. 자음과 모음이 결합하면 물리적으로 소리의 경계가 인정되는 반면에, 자음, 그리고 일본어를 예로 들면 발음(撥音), 장음, 촉음은 그 자체 소리가 나지 않으므로 음절로 인정되지 않는다. 한국어의 경우는 받침은 음절로 인정되지 않는다. 쓰쿠에(つくえ)라는 단어는 3음절어라고 할 수 있다. 오캬쿠상(おきゃくさん)의 경우에는 오/캬/쿠/상(お/きゃ/く/さん)으로 4음절어가 된다. 한국어의 경우 '다시마'는 3음절이다.

둘째, 본서에서는 오야지개그와 아재개그의 소재로 사용된 단어들의

형태적 특성을 비교할 것이다. 예를 들어 오야지개그인 사이토노 사이토(さいとうのサイト, 사이토의 사이트)에서 A(さいとう)와 B(サイト)의 요소는 어형이 불일치하는 경우이고, 가요니가요(火曜に通う, 화요일에 다니다)에서는 A(火曜)와 B(通う)의 요소가 어형이 서로 일치하는 경우이다. 또한 A요소가 순수일본어(순수한국어)인지, 한어인지, 혹은 외래어인지, 혼종어인지를 살펴볼 것이다. 오야지개그와 아재개그의 격 형태도 살펴보고자 한다. 예를 들어 오야지개그의 사토가 삿토(佐藤が殺到, 사토가 쇄도)에 보이는 격 형태는 명사(A)が＋명사(B)이다.

셋째, 본서에서는 오야지개그와 아재개그의 소재로 사용된 단어들 즉 A단어 요소와 B 단어 요소 간의 통사적 특성을 비교할 것이다. 앞에서 제시한 오야지개그인 사토가 삿토(佐藤が殺到)에 보이는 명사(A)が＋명사(B)의 격 형태도 통사적 특성을 반영하는 것이라고 할 수 있지만, 본서에서는 전형적인 통사적 특성을 보이는 어순(품사의 배열)을 기준으로 오야지개그와 아재개그를 비교하고자 한다. 예를 들어 지젠니 지젠(事前に慈善, 사전에 자선)의 부사+명사, 마시나 마신(ましなマシーン, 더 좋은 기계)의 형용사+명사와 같은 품사별 배열 상태를 비교하고자 한다.

마지막으로 본서에서는 오야지개그와 아재개그의 소재로 사용된 단어, 오야지개그의 경우 A요소(명사)의 의미적 성질(고유명사, 일반명사, 시간명사, 추상명사, 대명사)을 살펴보고자 한다. 그다음으로 오야지개그의 소재로 사용된 단어 가운데 일반명사를 주목하고(일반명사의 수가 가장 많기 때문이다.) 일반명사를 다시 동물 및 사람, 음식, 지명, 사물, 신체, 식물, 운동, 패션, 노래, 기타로 나누어서 오야지개그의 A요소와 아재개그의 단어 의미를 비교하고자 한다.

6.4 오야지개그와 아재개그의 음성학적 특징 비교

천호재(2014a, 2014c)에서 밝혀진 오야지개와 아재개그의 음절 수와 비교하였더니 다음과 같은 결과가 나왔다.

〈표1〉 오야지개그와 아재개그 단어의 음절수 비교

음절수	1음절	2음절	3음절	4음절	5음절	6음절	7음절	8음절	9음절
오야지개그	0.4%	39%	38%	20%	2%	0.8%	0%	0%	0%
아재개그	1%	10%	40%	21%	24%	2%	1%	0%	1%

오야지개그를 구성하는 단어로는 〈표1〉에서 보듯 2음절과 3음절이 가장 많고 4음절이 그 뒤를 잇고 있다. 아재개그는 3음절이 40%로 가장 많고, 5음절, 4음절, 2음절이 각각 그 뒤를 잇고 있다.

오야지개그는 2음절과 3음절이 각각 39%와 38%를 차지하고 있으며, 4음절, 5음절, 6음절, 1음절이 각각 그 뒤를 잇고 있다. 실제 예를 제시하면 다음과 같다.

(1) 1음절-조다 조(像だぞう)/ 헐(Her)

(2) 2음절-지조노 지죠(地蔵の事情, 지장보살의 사정)/ 버섯, 칫솔

(3) 3음절-사이토노 사이토(さいとうのサイト, 사이토의 사이트)/ 참기름, 깨달음

(4) 4음절-도이쓰진와 도이쓰다(ドイツ人はどいつだ, 어느 사람이 독일사람이지?)/심사임당, 따끈따끈

(5) 5음절-코디네이토와 고데네토(コーデネイトはこ～でねえと, 코디네이트는 이렇게 해야지)/ 뽀송뽀송해, 다이아몬드

(6) 6음절-카리호루니아데 카리도루니와(カリフォルニアで借りとる庭, 캘
리포니아에서 빌린 정원)/ 대통령 앉은 거, 궁시렁 궁시렁

  (1)의 象는 죠(ぞう)로 1음절어이다. 아재개그의 소재로 사용된 Her도 1
음절어이다. (2)의 地蔵는 지/죠(じ/ぞう)로 2음절이며, 아재개그로는 '버섯'
과 '칫솔'도 2음절어이다. (3)의 사이토(さいとう)는 사/이/토(さ/い/とう)로 3음
절어이다. 아재개그의 소재로 사용된 '참기름', '깨달음'도 3음절어이다.
(4)의 도이쓰진(ドイツ人)은 도/이/쓰/진(ド/イ/ツ/じん)으로 4음절어인데 아재개
그의 소재로 사용된 '심사임당', '따끈따끈'도 4음절어이다. (5)의 고데네
이토(コーデネイト)는 고/데/네/이/토(コ-/デ/ネ/イ/ト)로 5음절이다.'뽀송뽀송해',
'다이아몬드'도 5음절어이다. (6)의 카리호루니아(カリフォルニア, 캘리포니아)
는 카/리/호/루/니/아(カ/リ/フォ/ル/ニ/ア)로 6음절이고 아재개그의 소재로 사
용된 '대통령 앉은 거', '궁시렁궁시렁'도 6음절어이다. 이상의 사실에 근
거하여 다음과 같은 차이점을 확인할 수 있다.

  (7) 오야지개그와 아재개그의 음운론적 비교 :
    a. 오야지개그에 나타나는 단어는 2음절, 아재개그에 나타나는 단어
      는 3음절이 많다.
    b. 오야지개그는 2, 3, 4음절, 아재개그는 2, 3, 4, 5음절의 단어가
      개그 소재로 고르게 사용된다.

  서두에서 언급한 바와 같이, 오야지개그를 구성하는 A요소와 B요소의
단어 어형이 동음인 경우, 혹은 유음인 경우가 있다. 이를 정리하면 <표
3>과 같다.

〈표2〉 오야지개그와 아재개그의 단어 음형 일치도

일치도	모두 일치	부분 일치	불일치
오야지개그	27%	70%	3%
아재개그	67%	32%	1%

<표2>를 보면 오야지개그의 경우, 특정 단어와 다른 단어가 모두 일치하는 경우는 27%인 반면에, 부분적으로 일치하는 비율은 무려 70%에 달한다. 불일치하는 경우는 3%이다. 이와는 반대로 아재개그의 경우, 개그의 소재로 사용된 단어와 실제의 단어 음형이 모두 일치한 경우가 67%, 부분적으로 일치한 경우는 32%로 나타났다. 불일치한 경우는 1%에 불과하였다. 오야지개그에서는 유음어를 기본으로 하는 다쟈레(駄洒落)와 지구치(地口)적인 특성이 매우 충실하게 발휘되고 있으며, 단어의 음형이 부분적으로 일치하기만 하여도 오야지개그의 소재로 사용되는 반면에, 아재개그의 경우는 단어의 음형이 모두 일치하는 경우에 개그의 소재로 사용되는 비율이 높기 때문에 오야지개그에 비해 적극성이 떨어지는 것을 알 수 있다.

(8) 모두 일치-시요니 시요(使用にしょう) / 매일 미안한 동물은? 오소리
(9) 부분 일치-곳카이와 도콧카이(国会はどこっかい, 국회는 어디지?) / 의사들이 좋아하는 시간은? 내시경(네시경)
(10) 불일치-데카메의 메다카(でか目のメダカ, 눈이 큰 송사리) / 우유가 넘어지면? 아야

(8)에서 A요소인 시요니 시요(使用にしょう)로서 B의 스루(する)의 의지형

인 시요(しょう)와 음형이 일치한다. 아재개그의 '오소리'는 감탄표현인 '오'와 영어의 sorry와 음형이 거의 동일하므로 음성이 모두 일치하는 것으로 간주하였다.

(9)의 A요소인 国会(こっかい)는 B요소의 도콧카이(どこっかい, 어디지?)와 음형이 완전히 일치하지 않는다. 한편 아재개그의 소재로 사용된 '네시경'은 의료도구인 '내시경'과 음형이 부분적으로 일치하는 경우이다.

(10)의 데카메(でか目)와 B의 메다카(メダカ)는 각각 /dekame/와 /medaka/로 음형이 전혀 일치하지 않는다. 아재개그의 '아야'는 '우유'라는 글자의 위치 변화에서 만들어진 소재이므로 불일치하는 것으로 간주하였다.

이상의 고찰을 통해서 오야지개그와 아재개그에 나오는 단어 음형을 비교하면 다음과 같다.

(11) 오야지개그와 아재개그 단어의 음형:
　　a. 음형이 부분적으로 일치하는 단어들은 음형이 일치하는 단어보다 더 적극적으로 오야지개그의 소재로 사용된다.
　　b. 음형이 일치하는 단어들이 아재개그의 소재로 사용되기 쉽다.

오야지개그와 아재개그의 음성학적 특성만으로 양자의 차이가 충분히 고찰되었다고 보기에는 아직 이르다. 6.5절의 <표3>에서 보듯 오야지개그와 아재개그는 형태론적 차이를 보이기도 하는데, 6.5절에서는 이 점을 면밀히 살펴보고자 한다.

6.5 오야지개그와 아재개그의 소재가 되는 단어의 형태론적 특성의 비교

이 절에서는 오야지개그와 아재개그의 소재로 사용된 단어들의 형태론적 특성을 비교하고자 한다. 구체적으로 말하면 오야지개그와 아재개그에 나타난 단어들의 어종과 격 관계, 품사를 비교하고자 한다.

우선 오야지개그와 아재개그에 사용된 단어의 어종을 비교하면 다음의 <표3>과 같이 정리할 수 있다.

〈표3〉 오야지개그와 아재개그에 나오는 단어의 어종 비교

어종	한어	순수일본어(한국어)	외래어	혼종어
오야지개그	39%	32%	25%	3%
아재개그	27%	24%	22%	27%

<표3>을 보면 오야지개그에 나오는 단어가 한어인 비율이 39%, 아재개그는 27%로 나타난 것을 확인할 수 있다. 순수일본어가 소재로 사용된 비율은 32%, 순수한국어가 사용되는 비율은 24%로 나타났다. 외래어가 사용된 비율은 각각 25%와 22%로 미미한 차이를 보였다. 혼종어가 사용된 비율은 오야지개그가 3%, 아재개그가 27%, 오야지개그가 훨씬 높았다.

특징적인 것은 오야지개그이든 아재개그이든 비록 수치의 차이는 있다고 할지라도, 한어>순수일본어(순수한국어)>외래어의 순서로 한어를 자종으로 하는 단어가 개그의 소재로 가장 많이 사용된다는 사실이다. 실제 예를 보도록 하자.

(12) 한어-부쓰조오 부쓰죠(<u>仏像をぶつぞ</u>, 불상을 부술거야!)/ 부산대학교,
　　　연세대학교, 천도복숭아, 추적60분, 심사임당

(13) 순수일본어(순수한국어)-아세니 아셋타(<u>汗に焦った</u>, 땀이 나서 혼났
　　　어)/ 참기름, 들기름, 따끈따끈, 지우개, 조용

(14) 외래어-이란와 이란(<u>イランはいらん</u>, 이란은 필요없어)/ 다이아몬드,
　　　인도네시아, 스페이스바, 타이어, USB

(15) 혼종어-쓰카마치데 쓰카레타(<u>通過待ちでつかれた</u>, (기차가) 통과하기를
　　　기다리느라 지쳤어)/ 카놀라유, 안데스산맥, 헬로키티, 열바다

　　(12)의 부쓰죠(仏像)는 한어이다. 아재개그의 경우, '부산대학교', '연세
대학교' 등등을 들 수 있다. (13)의 아세(汗)는 한자로 표기되었지만, 아세
あせ)라는 순수일본어를 단순히 한자로 표기한 것이므로 순수일본어이다.
아재개그로는 '참기름', '지우개', '조용' 등을 들 수 있다. (14)의 이란(イ
ラン)은 국가명이므로 외래어이다. 아재개그의 소재가 된 단어로는 '다이
아몬드', '인도네시아', '타이어' 등을 들 수 있다. (15)의 쓰카마치(通過待
ち)는 한어 쓰카(通過)와 순수 일본어 마치(待ち)가 결합한 말이므로 혼종어
이다. 아재개그의 경우, '카놀라유', '안데스산맥', '헬로키티' 등을 들 수
있다. '카놀라유'는 {car+놀라+油}로 구성된 혼종어이다.
　　이상의 고찰을 통해서 오야지개그와 아재개그의 소재가 된 단어의 어
종별 특성은 다음과 같이 정리할 수 있다.

(16) 오야지개그와 아재개그 소재가 된 단어의 어종별 특성 비교:
　　a. 오야지개그와 아재개그는 한어>순수일본어(순수한국어)>외래어
　　　　의 순서로 한어를 자종으로 하는 단어가 가장 많이 사용되며,
　　　　순수일본어(순수한국어)와 외래어가 각각 그 뒤를 잇는다.

b. 오야지개그에서와 달리 아재개그에서는 혼종어가 개그의 소재
가 되는 비율이 훨씬 높다.

그다음으로 오야지개그의 조사 형태(A)와 품사(B)의 분포 상황에 대해
서 살펴보도록 하겠다. 오야지개그에 나타난 A요소가 취하는 조사의 패
턴을 살펴본 결과, ①명사-が②명사-に③명사-を④명사-は⑤명사-で
⑥명사-も⑦명사-の⑧명사-と⑨명사-から⑩명사-무조사 등의 조사 패
턴이 확인되었다(500개의 오야지개그의 소재로 사용된 A요소가 423개가 명사로 나
타났는데, 필자가 명사로 한정한 것은 조사가 명사에 접속되기 때문이다.).
먼저 <표4>를 보면 오야지개그에는 14%가 명사-が의 패턴을 취했는
데, 그 중에서도 명사が+동사가 6%를 차지하였으며, 명사が+명사와 명
사が+형용사가 각각 4%, 3%로 그 뒤를 이었다. 아재개그에서는 명사
(이)+명사의 예로 한 개가 확인되었다. 나머지 패턴은 전혀 확인되지 않
았다.

〈표4〉 명사+が(이/가)격 조사의 출현 비교

격 형태	명사が+명사	명사が+동사	명사が+형용사	명사が+부사	전체
오야지개그	4%	6%	3%	1%	14%
아재개그	1%	0%	0%	0%	1%

실제 예를 제시하면 다음과 같다.

(17) 명사が+명사-사토가 삿토(佐藤が殺到)/ 술이 들깨
(18) 명사が+동사-온넨가 오루넨(怨念がおるねん, 원한이 있어)

(19) 명사가＋형용사–나이조가 나이조(内蔵がないぞ, 내장이 없어)

(20) 명사가＋부사–지로가 시로(次郎がジロ~)

(17)의 명사(A)는 사토(佐藤)로 사람의 성을 나타내며, B요소인 삿토(殺到)는 명사이다. 대응하는 아재개그의 예로는 '술이 들깨'가 있었다. (18)의 A요소 온넨(怨念)은 명사, B요소인 오루(おる, 있다)은 동사이다. 대응하는 아재개그의 예는 확인되지 않았다. (19)의 A요소 나이조(内蔵)는 신체기관을 나타내며 B요소 나이(ない)는 형용사이다. 대응하는 아재개그의 예는 확인되지 않았다. 마지막으로 (20)의 A요소 지로(次郎)는 사토(佐藤)와 같이 사람의 성을 나타내는 (대)명사이며, B요소의 지로~(ジロ~)는 부사이다. 대응하는 아재개그의 예는 확인되지 않았다.

둘째, 오야지개그의 소재가 되는 A요소 중에 7%가 '명사–に'의 패턴을 취하는데, 그중에서 '명사に＋명사'와 '명사に＋동사'가 각각 4%와 3%로 나타난다는 사실이 밝혀졌다. 대응하는 아재개그의 예는 확인되지 않았다.

〈표5〉 명사(A)–に와 품사(B)

격 형태	명사に ＋ 명사	명사に ＋ 동사	명사に ＋ 형용사	명사に ＋ 부사	명사によって	전체
오야지개그	3%	3%	1%	0.2%	0.2%	7%
아재개그	0%	0%	0%	0%	0%	0%

'명사に＋명사','명사に＋동사', '명사に＋형용사', '명사に＋부사', '명사によって'의 실제 예를 제시하면 다음과 같다.

(21) 명사に＋명사–보토니 오토(ボートにおう吐, 보트에 구토)/ 아재개그

에는 없음

(22) 명사に＋동사-마잇타케니 마잇타케(<u>舞茸に参ったけ</u>, 잎새버섯에 손 들었어)/ 아재개그에는 없음

(23) 명사に＋형용사-메가네니 메가네(<u>メガネに目がねえ</u>, 안경이라면 사족 을 못 써)/ 아재개그에는 없음

(24) 명사に＋부사-스이스니 스이스이(<u>スイスにスイスイ</u>, 스위스에서 술 술)/ 아재개그에는 없음

(25) 명사によって-요테니 욧테(<u>予定によってえ</u>)/아재개그에는 없음

(21)의 명사(A)는 보토(ボート)이고 명사(B)의 오토(おう吐, 구토)도 역시 명사이다. (22)의 명사(A)의 마이타케(舞茸)는 버섯명(잎새버섯)이고, B의 요소 마잇타(参った)는 동사 마이루(参る)에 과거 형태소 た가 접속한 형태이다. (23)의 명사(A)의 메가네(メガネ,안경)는 시력교정기이며, B의 요소 네(ねえ)는 형용사 나이(ない, 없다)의 음성 변이형이다. (24)의 명사(A)의 스이스(スイス)는 국명을 나타내며, B의 요소 스이스이(スイスイ)는 부사(의태어)이다. 마지막으로 (25)의 명사(A)의 요테(予定)는 추상명사이며, 욧테(よってえ)는 욧테(よって)에 에(え)를 접속하여 명사(A)인 요테(予定)의 음절수와 의도적으로 맞춘 것이다.

〈표6〉 명사(A)-를(을/를)와 품사(B)

격 형태	명사를 + 명사	명사를 + 동사	명사를 + 형용사	명사를 + 부사	전체
오야지개그	5%	9%	0%	1%	15%
아재개그	0%	0%	0%	0%	0%

셋째, <표6>을 보면 15%가 명사-を의 패턴을 취하는데, 그중에서 '명사を＋동사'와 '명사を＋명사'가 각각 9%와 5%로 그 뒤를 잇고 있음을알 수 있다. 아재개그에는 단 한 개의 예도 확인되지 않았다.

구체적인 예를 들면 다음과 같다.

(26) 명사を＋명사-랏코오 닷코(ラッコを抱っこ, 락코를 안아 줘)/ 아재개그에는 없음

(27) 명사を＋동사-깃테오 깃테(切手を切って, 우표를 잘라)/ 아재개그에는 없음

(28) 명사を＋형용사-없음/ 아재개그에는 없음

(29) 명사を＋부사-도죠오 도죠(ドジョウをどうじょ, 미꾸라지를 부디)/ 아재개그에는 없음

(26)의 명사(A)의 랏코(ラッコ)는 동물명이다. B의 요소 닷코(抱っこ)는 '안다'는 의미의 명사형이다. (27)의 명사(A)의 깃테(切手)는 '우표'를 말하며, B의 요소 깃테(切って)는 동사 기루(切る, 자르다)의 음편형이다. (28)의 '명사を＋형용사'에 관련된 실제 예는 확인되지 않았으나 에카이와 나랏테모 에카이(英会話ならってもええかい, 영어회화 배워도 돼?)와 같이 を격 조사가 생략된 오야지개그를 확인할 수 있었다. (29)의 명사(A)의 도죠(ドジョウ)는 '미꾸라지'를 의미하며, 부사 도죠(どうぞ)의 변이형인 도죠(どうじょ)가 B의 요소로서 A요소와 음형적으로 대응하고 있음을 확인할 수 있다. 대응하는 아재개그의 예는 확인되지 않았다.

넷째, <표7>을 보면, 오야지개그에서 17%가 명사-は의 패턴을 취하는데, 그 중 '명사は＋명사'가 6%로 가장 많고, '명사は＋동사'와 '명사は＋형용사'가 각각 5%, 4%로 각각 그 뒤를 잇고 있다. 아재개그에는

단 하나의 예도 확인되지 않았다.

〈표7〉 명사(A)-は(은/는)와 품사(B)

격 형태	명사は + 명사	명사は + 동사	명사は + 형용사	명사は + 부사	전체
오야지개그	6%	5%	4%	0.7%	17%
아재개그	0%	0%	0%	0%	0%

실제 예를 들면 다음과 같다.

(30) 명사は＋명사-파스타와 파스다(パスタはパスだ, 파스타는 안 먹어)

(31) 명사は＋동사-와카메와 가메(ワカメは噛め, 미역을 씹어)

(32) 명사は＋형용사-란나와 이란나(ランナーはいらんなあ, 러너는 필요 없어)

(33) 명사は＋부사-벳토와 벳토 오모토메구다사이(ベットは別途お求めく
ださい, 침대는 별도로 청구해 주세요)

(30)의 A요소인 파스타(パスタ)는 음식명이며, 파스다(パスだ)는 pass를 어원으로 하는 외래어이다. (31)의 A요소인 와카메(ワカメ)는 '미역'이며, B요소인 가메(噛め)는 기본형 가무(噛む, 씹다)의 명령형이다. (32)의 A요소인 란나(ランナー)는 runner를 어원으로 하는 외래어이며, B요소의 이란나(いらんなあ)는 이라나이나(いらないな, 필요 없다)의 변이형이다. (33)의 A요소인 벳토(ベット)는 bed를 어원으로 하는 외래어이며, B요소인 벳토(別途)는 A요소와 동일한 음형을 지닌 부사이다.

다섯째, <표8>을 보면 12%가 명사で의 패턴을 취하는데, 그 중에서 '명사で＋동사'가 6%로 가장 많고 '명사で＋명사'가 4%로 그 뒤를 잇고

있다. 대응하는 명사(에서)＋품사 형식의 아재개그는 하나도 확인되지 않았다.

〈표8〉 명사(A)-で(에서)와 품사(B)

격 형태	명사で + 명사	명사で + 동사	명사で + 형용사	명사で + 부사	전체
오야지개그	4%	6%	1%	0.2%	12%
아재개그	0%	0%	0%	0%	0%

실제 예를 들면 다음과 같다.

(34) 명사で＋명사—텐토데 텐토(店頭で転倒, 점포 앞에서 넘어짐)/ 아재개
그에는 없음

(35) 명사で＋동사—호테루데 호테루(ホテルでほてる, 호텔에서 달아오르
다)/ 아재개그에는 없음

(36) 명사で＋형용사—넷타이야데모 네타이야(熱帯夜でも寝たいや, 열대야
라도 자고 싶어)/ 아재개그에는 없음

(37) 명사で＋부사—아다푸타데 아타후타(アダプターであたふた)/ 아재개
그에는 없음

(34)의 A요소인 텐토(店頭)는 명사이고, B요소 덴토(転倒)는 A요소의 덴
토(店頭)와 동음이형의 명사이다. (35)의 A요소인 호테루(ホテル)와 동사 호
테루(ほてる)도 동음이형이다. (36)의 명사인 넷타이야(熱帯夜)와 형용사 네
타이야(寝たいや), (37)의 명사 아다푸타(アダプター)와 부사 아타후타(あたふた)
도 거의 음형이 일치하는 사실을 확인할 수 있다.

여섯째, <표9>를 보면 전체 중에서 1%가 명사—も의 패턴을 취하고

있음을 알 수 있다. 아재개그에는 하나의 예도 확인되지 않았다.

〈표9〉 명사(A)-も(도)와 품사(B)

격 형태	명사も + 명사	명사も + 동사	명사も + 형용사	명사も + 부사	전체
오야지개그	0%	0.7%	0.2%	0%	1%
아재개그	0%	0%	0%	0%	0%

실제 예를 들면 다음과 같다.

    (38) 명사も＋동사-타라모 다베타라(タラも食べたら,대구를 먹는 게 어때?)
    (39) 명사も＋형용사-모쿠세이모 쿠세이(木星もくせい, 목성도 냄새나)

    일곱 번째, <표10>을 보면 전체의 33%가 명사-の의 패턴을 취하는 것을 확인할 수 있다. 아재개그에는 한 개의 예가 확인되었다.

〈표10〉 명사(A)-の(의)와 품사(B)

격 형태	명사の＋ 명사	명사の＋ 동사	명사の＋ 형용사	명사の＋ 부사	전체
오야지개그	33%	0.2%	0%	%	33%
아재개그	1%	0%	0%	0%	1%

실제 예를 들면 다음과 같다.

    (40)명사の＋명사-토시노 미토시(投資の見通, 투자의 전망/ 장안의 화제
    (41)명사の＋동사-다사이노 구다사이(ダサイの下さい)/아재개그에는 없음

여덟 번째, <표11>을 보면 전체의 0.4%가 명사-と의 패턴을 취하는데 이는 매우 미약한 비율이라 할 수 있다. 실제 예로 '명사と + 명사형'의 메카케토 데카케(妾と出かけ, 첩과 같이 나가)를 들 수 있다. 아재개그에는 단 한 개의 예도 발견되지 않았다.

〈표11〉 명사(A)-と(와/과)와 품사(B)

격 형태	명사と + 명사	명사と + 동사	명사と + 형용사	명사と + 부사	전체
오야지개그	0.4%	0%	0%	0%	0.4%
아재개그	0%	0%	0%	0%	0%

아홉 번째, <표12>를 보면 전체 0.2%가 '명사-から'의 패턴을 취하고 있음을 확인할 수 있다. '명사-から'의 실제 예로는 카나다카라다나(カナダからだな)를 들 수 있다. 아재개그에는 단 한 개의 예도 확인되지 않았다.

〈표12〉 명사(A)-から와 품사(B)

격 형태	명사から + 명사	명사から + 동사	명사から + 형용사	명사から + 부사	명사から	전체
오야지개그	0%	0%	0%	0%	0%	0.2%
아재개그	0%	0%	0%	0%	0%	0%

마지막으로 <표13>을 통해서 전체의 약 0.7%가 명사-조사의 생략이라는 패턴을 취하고 있음이 확인되었다. '명사＋명사'로는 소토숏토(総統卒倒, 총통이 졸도), '명사＋동사'로는 아타타카이 타이 앗타카이(温かいタイ あったかい, 따뜻한 돔 있었어?)를 들 수 있다.

〈표13〉명사(A)-조사 생략과 품사(B)

격 형태	명사+명사	명사+동사	명사+형용사	명사+부사	전체
오야지개그	0.2%	0.5%	0%	0%	0.7%
아재개그	0%	0%	0%	0%	0%

이상, 오야지개그에서 A요소가 취하는 조사 형태를 정리하면 다음 〈표14〉와 같다. 〈표14〉를 보면 N+の가 33%로 가장 많고 N+は, N+을, N+が, N+で, N+に가 각각 17%, 15%, 14%, 12%, 7%로 그 뒤를 잇고 있음을 알 수 있다. 한편 아재개그에는 N+が에 대응하는 'N+이/가'가 1%, N+の에 대응하는 'N+의'가 각각 1%의 비율로 출현한다는 사실이 확인되었다.

〈표14〉오야지개그(A)의 조사 형태의 비교

조사 형태	N+が	N+に	N+を	N+は	N+で	N+も	N+の	N+と	N+から	N+생략
오야지개그	14%	7%	15%	17%	12%	1%	33%	0.4%	0.2%	0.7%
아재개그	1%	0%	0%	0%	0%	0%	1%	0%	0%	0%

(42) 오야지개그와 아재개그의 형태론적 특성의 비교

오야지개그는 명사+の>명사+は>명사+を>명사+が>명사で> 명사+に의 순서로 발생하기 쉬운 반면, 아재개그에는 그러한 특이 성이 보이지 않는다.

6.6 오야지개그와 아재개그의 통사론적 특성의 비교

6.5절에서는 오야지개그와 아재개그에 나타나는 단어의 격 형태와 품사를 살펴보았는데, 이 절에서는 개그의 소재로 사용된 단어들의 통사론적 관계(어순)을 살펴보고자 한다.

〈표15〉 오야지개그와 아재개그의 통사론적 특성 비교

어순	형용사(연체사) + 명사	동사 +명사	부사 +명사	기타
오야지개그	5%	13%	9%	16%
아재개그	3%	11%	2%	9%

위의 〈표15〉를 보면 오야지개그와 아재개그의 소재로 사용된 단어들이 어순 중에서 형용사(연체사)와 명사의 어순 비율이 5%와 3%를 차지하고 있음을 알 수 있다. 동사와 명사의 어순은 각각 13%와 11%였으며, 부사와 명사의 어순은 각각 9%와 2%로 나타났다. 기타는 각각 16%와 9%로 나타났다.

오야지개그와 아재개그의 소재로 사용된 단어들의 어순을 구체적으로 보여주는 예를 제시하면 다음과 같다.

(43) 형용사+명사–마~돈나 마돈나(ま~どんなマドンナ, 어떤 마돈나)/ 부산대학교, 이 편한 세상, 유해진

(44) 동사+명사–도시타 오시타(どうした大下, 무슨 일이야, 오시타)/ 여자친구, 탄소, 언덕, 운전사, 대통령 앉은 거, 타이어, 오므린 거, 일본사람

(45) 부사+명사-지젠니 지젠(事前に慈善, 사전에 자선)/ 노사연, 추적60분

(46) 기타- 켓코나 코케켓코(結構なコケコッコー)/ 다비치, 로딩중, 베어먹
지, 뿌송뿌송해, 서울시립대, 중앙대학교, 다리미, 배철수

　(43)의 B요소(연체사)는 A요소인 마돈나(マドンナ)를 수식하고 있다. 대응
하는 아재개그로는 '부산대학교, 이 편한 세상, 유해진' 등을 들 수 있다.
'부산대학교'는 부산한 대학교, '유해진'은 유해한 청바지(jean)를 의미한
다. (44)의 B요소인 도시타(どうした)는 도스루(どうする)의 과거형으로 A요
소 오시타(大下)를 수식하고 있다. 대응하는 아재개그로는 '여자친구, 탄
소, 언덕, 운전사, 대통령 앉은 거' 등을 들 수 있다. '여자친구'는 김구
선생이 여자친구를 때린 경우이다. 김구 선생의 위상을 폄하하는 거 같
아 마음이 불편하다. '탄소'는 불에 탄 소를 말하며, '언덕'은 얼어붙은
덕(duck) 오리를 의미한다. '운전사'는 울어버린 전사를 말하며, '대통령
앉은 거'는 '대통령선거'의 반대말이다. (45)의 B요소 지젠(事前)은 부사로
A요소인 지젠(慈善)을 수식하고 있다. 대응하는 '노사연'은 사연이 없는
것이고, '추적 60분'의 '추적'은 비가 내릴 때를 수식하는 부사(의성어)로
사용된 경우이다. 기타로는 (46)에서 보듯 형용사 켓코나(結構な)가 의성어
코케켓코(コケコッコー)를 수식하는 것이 확인되었다. 아재개그로는 '다비치,
중앙대학교, 배철수' 등의 예가 확인되었다.
　이상의 고찰을 정리하면 다음과 같다.

　　(47) 오야지개그와 아재개그의 통사론적 특성의 비교-
　　　　오야지개그와 아재개그는 기타를 제외하고 '형용사+명사'의 어순
　　　　으로 발생하기 쉽다.

6.7 오야지개그와 아재개그의 소재가 되는 단어의 의미 분석

오야지개그를 구성하는 A요소 가운데 94%가 명사였다. 한편 아재개그의 소재로 사용된 단어의 품사는 (대)명사가 86%로 가장 많았다. 부사는 5%, 동사는 2%, 기타는 12%로 나타났다. 이하 실제 예를 들면 다음과 같다.

(48) 아재개그의 소재가 되는 단어의 품사
   a. (대)명사 : 딸기시럽, 패스트푸드, 내시경, 오소리, 신발끈, 하버드, 친자확 인, 안데스산맥, 수도권배출, 유언비어, 화상전화, 다비치, 짜임새, 여자친구, 우사인볼트, 태평소, 탄소, 타조, 언덕, 미더덕, 백조, 운전사, 헬로키티, 손수건, 개인기, 무지개, 해운대, 두개골, 검정색, 해리포터, 다이소, 포트리스, 카톡, 상하의, 스머프, 미어캣, 야자나무, 바비브라운, 일본사람, 주근깨, 스페이스바, 유해진, 녹색어머니, 대하사극, 구운몽, 부산대학교, 서울시립대, 연세대학교, 인하대학교, 중앙대학교, 다리미, 도미디움, 도스몰, 십구만, 천도복숭아, USB, 구기자차, 타이어, 카놀라유, 인도네시아, rock festival, 배철수, 노사연, 추적 60분, 버섯, 참기름, 들기름, 콜로세움, 설거지, 가나다라, 다이아몬드, 신사임당, 칫솔, 쿵푸, 원시인, 다이빙, 바비브라운, 소고기 무국, 지우개, 깨달음
   b. 부사 : 아야, 궁시렁궁시렁, 따끈따끈, 조용, 무뚝뚝
   c. 동사 : 로딩중
   d. 기타 : 헤어 나올 수 없어서, 베어 먹지, 술이 들깨, 인천 엄마다, 굿 아이디어, her, 오므린 거, 뽀송뽀송해, 이 편한 세상, 장안의 화제, 대통령 앉은 거, 열바다

오야지개그와 아재개그의 소재가 되는 단어로 명사가 가장 많기 때문에 명사에 초점을 가하여 그 의미를 살펴보기로 한다.

명사는 일반적으로 고유명사, 일반명사(보통명사), 시간명사, 추상명사, 대명사로 나뉘는데, 이들 분류를 기준으로 오야지개그의 A요소를 살펴보면 다음과 같다.

〈표16〉 명사(A)의 종류

명사의 분류	일반명사	고유명사	추상명사	시간명사	대명사
오야지개그	55%	25%	13%	4%	2%
아재개그	47%	29%	3%	0%	2%

오야지개그의 A요소로 일반명사가 55%로 가장 높은 비율을 차지하고 있으며, 고유명사가 25%, 추상명사가 13%, 시간명사가 4%, 대명사가 2%로 각각 그 뒤를 잇고 있음을 볼 수 있다. 아재개그도 일반명사가 47%로 가장 많고, 고유명사와 추상명사가 각각 29%, 3%로 그 뒤를 잇고 있다. 실제 예를 들면 다음과 같다.

> (49) 고유명사 : 인도니 이루도(インドにいるど, 인도에 있어)/ 하버드, 안데스산맥, 다비치, 우사인볼트, 헬로키티, 해운대, 해리포터, 다이소, 카톡, 스머프, 바비브라운, 스페이스바, 구운몽, 도미디움, 도스몰, 카놀라유, 인도네시아, 부산대학교, 서울시립대, 연세대학교, 인하대학교, 중앙대학교, 배철수, 노사연, 추적 60분, 콜로세움, 신사임당, 유해진
> (50) 일반명사 : 곳카이와 도콧카이(国会はどこっかい, 국회가 어디야?)/ 딸기시럽, 패스트푸드, 내시경, 오소리, 신발끈, 친자확인, 수도권

배출, 유언비어, 화상전화, 여자친구, 태평소, 탄소, 타조, 언덕, 미
더덕, 백조, 운전사, 손수건, 개인기, 무지개, 두개골, 검정색, 포트
리스, 상하의, 야자나무, 일본사람, 주근깨, 녹색어머니, 대하사극,
다리미, 천도복숭아, USB, 구기자차, 타이어, rock festival, 버섯, 참
기름, 들기름, 설거지, 가나다라, 다이아몬드, 칫솔, 쿵푸, 원시인,
다이빙, 소고기 무국, 지우개, 미어캣

(51) 시간명사 : 기노노 기노(昨日の機能, 어제의 기능)/ 아재개그 없음

(52) 추상명사 : 신세쓰나 신세쓰(親切な新説, 친절한 신설)/ 십구만, 깨달
음, 짜임새

(53) 대명사 : 와타시노 아카시(私の証, 나의 증거)/ 헐(her)

(49)의 인도(インド)는 국명을 나타내는 고유명사이다. 대응하는 아재개
그의 예로는 '하버드, 안데스산맥, 다비치, 우사인볼트, 헬로키티, 해운대,
해리포터' 등을 들 수 있다. (50)의 곳카이(国会)는 정치활동의 공간을 나
타내는 일반명사이다. 대응하는 아재개그로 '딸기시럽, 패스트푸드, 내시
경, 오소리, 신발끈, 친자확인, 수도권배출, 유언비어, 화상전화, 여자친구'
등을 들 수 있다. (51)의 기노(昨日, 어제)는 시간명사이다. 대응하는 아재개
그의 예는 확인되지 않았다. (52)의 신세쓰(新説)는 추상명사이다. 대응하
는 아재개그의 예로 '십구만, 깨달음, 짜임새' 등의 예를 확인할 수 있었
다. (53)의 와타시(私, 나)는 일인칭 대명사이다. 한편 아재개그의 예로 her
이라는 예가 확인되었다.

이상의 고찰을 정리하면 다음과 같다.

(54) 오야지개그와 아재개그의 소재가 되는 단어의 의미 비교:
오야지개그와 아재개그의 소재가 되는 단어는 일반명사가 가장 많

고, 고유명사와 추상명사가 각각 그 뒤를 잇는다.

그런데 일반명사는 매우 포괄적인 개념이기 때문에 개그의 의미적 특성을 해명하기 위해서 일반명사의 의미를 좀 더 세밀하게 살펴볼 필요가 있다. 필자가 오야지개그에 나타난 A성분의 일반명사를 의미적으로 살펴보았더니, 동물(ニワトリ닭, しまうま얼룩말), 식물(花꽃, まつたけ송이버섯), 사람(おくさん부인, ダンサー댄서), 음식(そば메밀국수), 사물(コンセント콘센트), 신체(裸벌거숭이), 운동(卓球탁구), 패션, 노래(ヨーデル요들), 기타로 나눌 수 있었다. 이들 분류를 기준으로 오야지개그의 A성분 즉 일반명사의 의미를 살펴보면 다음과 같다.

〈표17〉 오야지개그와 아재개그의 소재가 되는 일반명사의 의미 비교

의미	일반명사								
	사물	동물 및 사람	음식	식물	신체	운동	패션	노래	기타
오야지개그	42%	34%	5%	3%	1%	0.3%	0.3%	0.3%	25%
아재개그	18%	8%	7%	4%	2%	0%	0%	0%	20%

오야지개그의 경우, 소재가 되는 일반명사 중에서 사물이 차지하는 비율이 42%로 나타났다. 동물 및 사람은 34%, 음식과 식물은 각각 5%, 3%로 나타났다. 수치의 차이는 있지만, 아재개그에서도 소재가 되는 일반명사 중에서 사물이 18%로 가장 많았으며, 동물 및 사람, 음식, 식물 등이 각각 그 뒤를 이었다. 실제 예를 들면 다음과 같다.

(55) 오케오 오케(桶を置け, 사물)/ 내시경, 신발끈, 화상전화, 태평소, 언덕, 손수건, 무지개, 다이소, 포트리스, 카톡, 상하의, 다리미, USB, 타이어, 다이아몬드, 칫솔, 지우개

(56) 니와토리 니와토레(ニワトリ二羽捕れ, 동물), 오쿠상모 고쿠상(奥さんも国産, 사람)/ 오소리, 미어캣, 여자친구, 타조, 백조, 운전사, 일본사람, 녹색어머니, 원시인,

(57) 메보시이 우메보시(めぼしい梅干, 음식)/ 딸기시럽, 패스트푸드, 구기자차, 카놀라유, 참기름, 들기름, 소고기 무국

(58) 하다카노 메다카(ハダカのメダカ, 신체)/ 두개골, 주근깨,

(59) 아사가오오 아사가오(朝顔を朝買おう, 식물)/ 미더덕, 야자나무, 천도복숭아, 버섯

(60) 단스토 단스(ダンスとタンス, 운동)/ 아재개그 예 없음

(61) 요데루와 요데루(ヨーデルはよう出る, 노래)/ 아재개그 예 없음

위에서 보듯 '딸기시럽, 내시경, 태평소, 오소리, 신발끈, 타조, 미더덕, 야자나무, 주근깨, 천도복숭아, 미어캣'과 같은 일반명사들이 아재개그의 소재가 될 수 있다. 서로 연관이 없어 보이는 대상들이 아재개그라는 이름으로 하나로 연결되는 사실이 무척이나 흥미롭다.

이상의 사실에서 오야지개그의 성립 조건으로 다른 하나를 추가할 수 있다.

(62) 오야지개그와 아재개그의 소재가 되는 일반명사의 의미 비교 :
오야지개그와 아재개그에서는 일반명사 중에서 사물, 동물, 사람이 소재가 되기 쉽다.

6.8 맺음말-오야지개그와 일본사정의 이해

지금까지 오야지개그와 아재개그의 소재가 되는 단어(구, 문장)의 언어학적 특성을 비교하였다. 오야지개그와 아재개그에 내재된 언어학적 특성도 엄연히 일본인이나 한국인들의 언어문화를 심층적으로 반영하는 것이므로 언어학적 고찰은 일본인의 언어생활과 일본사정의 이해에 매우 중요하다고 할 수 있다.

먼저 음운론적 특성의 비교인데, 오야지개그의 소재가 되는 단어는 2음절이 가장 많은 반면, 아재개그의 경우 3음절이 가장 많았다.

둘째, 형태론적 특성의 비교이다. 오야지개그의 소재가 되는 단어들은 부분적으로 일치하는 경우가 많은 반면에, 아재개그의 경우, 단어들의 음형이 서로 일치하는 경우가 많았다. 이를 통해서 한국인들보다 일본인들 쪽이 오야지개그의 발신에 더 적극적이라는 사실을 알 수 있다.

셋째, 어종별 특성의 비교인데, 오야지개그와 아재개그의 소재가 되는 단어로는 한어가 가장 많고, 순수일본어(순수한국어), 외래어가 그 뒤를 잇는다는 점에서 공통점을 지니는 반면, 혼종어는 오야지개그보다 아재개그에서 소재가 되는 경우가 많았다. 또한 오야지개그는 '명사+の>명사+は>명사+を>명사+が>명사+で>명사+に'의 순서로 발생하기 쉬운 반면, 아재개그에는 그러한 특성이 보이지 않는다는 차이점이 확인되었다.

넷째, 통사론적 특성의 비교인데, 오야지개그는 '형용사+명사'의 연체수식의 통사론적 환경에서 발생하기 쉬운 반면에, 아재개그는 '동사+명사'의 통사론적 환경에서 발생하기 쉽다는 차이점이 확인되었다.

다섯째, 오야지개그와 아재개그의 소재가 되는 단어는 일반명사가 가장 많고, 고유명사, 추상명사가 각각 그 뒤를 잇는다는 공통점이 확인되었다. 또한 오야지개그와 아재개그는 일반명사 중에서 사물, 동물, 사람이 소재가 되기 쉽다는 공통점도 확인되었다.

지금까지 살펴본 결론은 오야지개그와 아재개그를 언어 내적인 측면을 분석하여 얻은 것이다. 따라서 이상의 결론은 오야지개그와 아재개그의 내부구조를 이해하는 데에는 매우 유용하였다고 생각한다. 하지만 이와는 별도로 생활환경, 대인관계, 인간성, 기대 효과, 의식조사와 같은 언어 외적인 측면에 초점을 두고 오야지개그와 아재개그의 본질을 고찰한다면 일본인들과 한국인들의 언어생활에 대한 보다 심도 있는 이해가 가능해질 것으로 생각된다. 이 점은 금후의 과제로 돌리기로 한다.

제7장
음식문화로 본 일본사회

7.1 머리말

최근에 '창의성'이란 키워드가 많이 회자되고 있다. 창의성이란 예전에 그 누구도 생각해 내지 못한 것을 새롭고 적절하게 만들어내는 능력이라고 할 수 있다. 그런데 창의성의 개념을 곰곰이 생각해보면 '태양'이나 '행성'과 같이 전대미문의 창의성이 발휘된 것이 있는가 하면, 예를 들어 '물고기 지느러미'와 아름다운 아가씨의 상반신이 편집된 인어공주식의 창의성이 발휘된 것이 있다. 스티브 잡스는 인어공주식 발상의 대가라고 생각된다. 잘 알려진 바와 같이 그의 발명품은 대부분 기존에 존재하던 것을 편집한 것이다. 그렇다고 해서 그의 발명품이 폄하될 수는 없으며 폄하되어서도 안 된다. 그의 발명품은 그 누구도 생각하지 못한 전대미문의 발명품이었으며 결과적으로 인류의 삶에 많은 변화를 가져 왔기 때문이다.

그런데 인어공주식 발상을 누구나 다 할 수 있는 것은 아니다. 해당 분야에 대한 전문적인 지식을 가져야 하며 여러 가지 지식을 조합하고

편집하는 등의 각고의 노력을 기울여야 하기 때문이다.

한편 천호식품의 김영식 사장은 모방의 대가이다. 그는 어느 텔레비전 인터뷰에서 부자가 되려면 부자의 행동이나 사고를 모방하라고 말한다. 예를 들어 낚시를 유별나게 잘하는 사람이 있으면 그 노하우가 무엇인지 탐색한 뒤, 그 사람이 쓰는 방법을 모방해보라는 것이다. 모방은 최근 지적 재산권, 저작권 등의 문제가 사회 이슈화되고 있기 때문에 부정적인 이미지가 강한데, 김영식 사장이 주장하는 골자는 모방이 아닌 모방의 차원을 넘어선 패러디를 권장하라는 것으로 보인다. 낚시를 잘하는 사람이 미끼통을 바다에 던져 물고기가 몰려들도록 했다면, 자신은 옆 사람보다 더 많은 미끼통을 던져 더 많은 물고기가 몰려들도록 했다는 것이다. 필자는 학생들이 나이가 어리고 경험이 부족하므로 김영식 사장님처럼 패러디를 해보라고 권장하는 편이다. 그러다 보면 경험이 쌓이고 해당 분야에 대한 전문지식도 깊어질 것이며 어느새 인어공주식 발상이 가능해질 것이라고 학생들에게 자주 언급한다.

필자가 창의성을 장황하게 설명하는 이유는 창의성과 음식문화 콘텐츠가 밀접한 관계를 지니기 때문이다. 즉 음식문화 콘텐츠가 그 누군가의 창의적 발상에 의한 결과물이기 때문이다. 즉 음식문화 콘텐츠는 다른 콘텐츠와 마찬가지로 한 개인이나 여러 사람의 아이디어와 행동이 밀접하게 어우러져서 탄생한 것이다. 본서에서는 일본의 음식문화가 다양한 패러디를 통해서 탄생한 창의적 발명품이라는 것을 강조하고자 한다. 그리고 그것이 일본의 음식문화 이해로 귀결될 수 있음을 밝히고자 한다.

7.2 일본초밥과 패러디

이 절에서는 내용물과 조리법의 패러디로 다양한 일본초밥이 탄생했을 가능성에 대해 살펴보고자 한다. 패러디란 단순히 다른 사물을 흉내내거나 모방한 상태에서 자신의 생각을 가미한 것이다. 그러면 이하 패러디로 인해 어떻게 다양한 일본음식들이 탄생하게 되는지를 살펴보도록 하자.

7.2.1 내용물에 의한 패러디

인류는 오랜 생활을 통해서 어느 잡초의 열매를 탈곡하면 쌀이 되고 그것에 열을 가하면 맛있는 밥이 된다는 것을 알았다. 한편 인류는 바닷속에 많은 물고기가 사는 것도 알게 되었다. 어느 물고기는 얕은 바다에서만 잡히는가 하면 어느 물고기는 깊은 바다로 들어가야 잡힌다는 사실도 알게 되었다.

일본의 에도시대에 어떤 사람이 우연히 바다에서 잡아 온 참치살(まぐろ)을 남은 밥 위에 얹어 간장에 찍어 먹어보니 그것이 참 맛있다는 것을 알았다. 그 후 밥 알갱이가 손에 달라붙지 않게 식초를 먹여 참치살을 올리니 그 모양새가 참으로 세련되고 전보다 더더욱 맛깔스러워 보였다. 이것을 사람들은 초밥(스시)이라 불렀다.

누군가에 의해 우연히 만들어진 초밥이 많은 사람으로부터 호응을 받고, 요즘 말로 하면 빅히트를 치게 되었다. 집집마다 주부들은 초밥을 만들기 시작했고 급기야는 초밥 전문점이 개점되기도 하였다. 처음에 사람들은 초밥을 원래 모양(밥+참치살)에 가깝게 만들고자 많은 애를 쏟았다.

사람들은 참치살이 올라간 초밥을 만들어 먹기 위해 바다로 나가서 열심히 참치를 잡았다. 하지만 참치는 매우 비싼데다가 잡기 어려운 물고기가 아닌가?

그런데 어느 날 누군가가 왜 밥 위에 반드시 참치살이 올라가야 하는지 의문을 가지기 시작하였다. 왜냐하면 참치 이외에도 많은 생선이 있기 때문이었다. 그래서 누군가가 참치가 아닌 다른 생선살을 올려 먹어보았는데 그 맛이 일품이었다. 이 사실이 많은 사람에게 알려지면서 본격적으로 참치초밥을 패러디한 다양한 초밥이 폭발적으로 등장한다.

연어살이 올라간 초밥을 사람들은 연어초밥(さけ)이라 불렀다. 방어살(ぶり)이 들어간 초밥을 방어초밥이라 불렀으며, 송어살(ます)이 들어간 초밥을 사람들은 송어초밥이라 불렀다. 사람들은 앞 다투어 광어살(ひらめ), 농어살(すずき), 복어살(ふぐ), 명태살(明太), 고등어살(さば), 삼치살(さわら), 전어살(このしろ), 장어살(うなぎ), 붕장어살(あなご), 시샤모살(ししゃも)이 들어간 초밥을 만들어 먹었다. 그 다양한 종류만큼이나 맛도 다양하다는 사실을 사람들은 깨달아 갔다.

어느 날 누군가가 생선뿐만 아니라 오징어나 새우, 게와 같은 갑각류 살도 밥 위에 올려 먹어보았다. 그랬더니 그 맛이 기가 막혔다. 삽시간에 그 소식이 많은 사람에게 알려지고 얼마 안 가서 많은 패러디물이 생겨나게 되었다. 오징어(いか) 살이 올라간 오징어초밥, 단새우살(あまえび)이 올라간 단새우초밥, 생새우살(えびおどり)이 올라간 생새우초밥, 게살(かに)이 올가간 게초밥이 만들어지고 상품화되었다.

패러디는 조개류에서도 일어났다. 전복(あわび)살이 올라간 전복초밥, 피조개(あかがい)살이 올라간 피조개초밥, 새조개(とりがい)살이 올라간 새조개초밥, 가리비(ほたてがい)살이 올라간 가리비초밥, 관자(たいらがい)살이 올라간 관자초밥, 굴(かき)이 올라간 굴초밥이 패러디되고 얼마 가지 않아서 상품화되었다.

또 누군가는 생선 알을 밥 위에 올려먹기도 하였다. 명태알(めんたいこ)이 올라간 명태알초밥, 연어알(いくら)이 올라간 연어알초밥, 캐비어(キャビア)가 올라간 캐비어초밥, 날치알(とびこ)이 올라간 날치알초밥, 성게알(うに)이 올라간 성게초밥, 청어알(かずのこ)이 올라간 청어알초밥이 만들어지고 상품화되었다.

7.2.2 조리법에 의한 패러디

초밥을 먹을 때 내용물이 밥에서 이탈되어 땅바닥에 떨어뜨리는 경험을 해본 사람은 다 느껴보았을 것이다. 이러한 일은 어제오늘의 일이 아니라 먼 옛날에 살던 사람들도 일상다반사로 겪은 일이었다. 그래서 필자는 사람들이 다음과 같은 다양한 패러디로 초밥을 만들었을 가능성을 생각해보았다.

① 내용물이 밥에서 이탈되지 않도록 주먹밥처럼 만들면 안 되나?
　　→주먹초밥(にぎり)
② 밥에다 내용물을 넣어 제3의 식재로 그것을 싸버리면 안 되나?
　　→말이초밥(まき)
③ 밥을 특정 내용물의 공간에 넣으면 안 되나?→유부초밥(いなり)
④ 내용물이 꼭 일정한 양의 밥 위에 위치해야 하는가?
　　→치라시초밥(ちらし)
⑤ 밥과 내용물이 반드시 따로 있을 필요가 있나?→오목초밥(ごもく)
⑥ 꼭 싱싱한 내용물(생선)만 들어갈 필요가 있나?→발효초밥(なれ)

⑦ 밥과 내용물을 납작하게 눌러버리면 안 되나?→누른초밥(おし)
⑧ 제각기 다른 종류의 초밥이 섞이면 안 되나?
　→스케로쿠초밥(すけろく)

　첫째, 내용물이 밥에서 이탈하지 않도록 꽉꽉 눌러 주먹밥처럼 만들어 버리면 안 되느냐는 의문이다. 이 의문에서 오니기리(おにぎり), 즉 주먹밥이 탄생하였다고 필자는 생각한다. 오니기리는 편의점에서 판매되는 삼각김밥을 연상하면 쉽게 이해할 수 있다.

　둘째, 밥에다 내용물을 넣어 그것을 김과 같은 제3의 식재로 싸버리면 안 되느냐는 의문이다. 이러한 의문을 던진 어느 사람이 어느 날 밥 위에 내용물을 얹고 양자가 서로 이탈되지 않도록 그 전체를 김과 같은 제3의 재료로 싸서 마는 형태로 패러디화한 것이라고 필자는 보는데, 전형적인 예로 우리나라에서도 흔히 볼 수 있는 김밥을 들 수 있다. 김밥은 일본에서 유래되었다는 설, 한국에서 유래되었다는 설이 있는데, 초밥을 패러디와 관련 지어 생각하면 일본에서 유래되었을 가능성이 매우 크다고 개인적으로 생각한다. 비유하자면 밥과 내용물이 김이라는 한 이불을 덮고 있는 것이라 볼 수 있다. 이불에 해당하는 식재로는 김뿐만 아니라 계란, 매화잎, 샐러드 등도 들 수 있다. 계란으로 만 초밥은 계란말이초밥(玉子まき寿司)이라 하며, 샐러드로 만 초밥은 샐러드말이초밥(サラダ巻き寿司)이라 한다. 매화잎으로 만 초밥은 매화잎말이초밥(梅の紫蘇巻き寿司)이라 불린다. 두 번째 의문에서 패러디된 초밥 예로는 아이스콘처럼 원뿔모양으로 만 손말이초밥(手巻き寿司), 김밥처럼 밥과 내용을 넣어 김으로 만 말이초밥(巻き寿司), 모양이 군함처럼 생긴 군함초밥(軍艦寿司) 등을 들 수 있다.

　셋째, 밥을 특정 내용물의 공간에 아예 넣어버리면 안 되느냐는 의문

에서 이나리초밥(いなりずし), 즉 유부초밥이 탄생하게 되었을 것으로 필자는 생각한다. 즉 유부를 주머니 형태로 만들어 그 속에 밥을 밀어 넣는 방식으로 기존의 초밥이 패러디되었다고 본다.

넷째, 내용물이 꼭 일정한 양의 밥 위에 위치해야 하느냐는 의문이다. 일정한 양의 밥 위에 내용물을 올리지 않고 많은 양의 밥 위에 생선살을 흩뿌리는 방식으로 패러디된 것으로 본다. 전형적인 예로 치라시초밥(ちらし寿司)을 들 수 있는데, 하나하나 초밥을 만드는 수고로움을 덜기 위한 것일까? 아니면 식재가 풍성했기 때문일까? 그 진위를 알 길이 없으나 치라시초밥의 식재가 풍기는 양의 풍성함은 일반적인 초밥과는 비교가 안 된다.

다섯째, 밥과 내용물이 반드시 따로 있을 필요가 있느냐는 의문이다. 이 의문에서 밥과 내용물이 이탈되지 않도록 아예 한데 섞어버리는 방식으로 패러디한 것이라 생각한다. 전형적인 예로 오목초밥(五目寿司)을 들 수 있는데, 내용물과 밥을 우리나라의 비빔밥처럼 비빈 것이라고 생각하면 된다. 규율을 중시하는 일본인들의 사고 속에 비빔밥과 같은 오목초밥이 존재한다는 사실이 매우 놀라울 따름이다.

여섯째, 꼭 싱싱한 내용물(생선)만 들어갈 필요가 있느냐는 의문이다. 이 의문에서 발효시킨 생선을 초밥의 식재로 사용하는 패러디가 어느 시점에서 일어났다고 생각한다. 발효생선초밥(なれずし)이 바로 그 예이다. 생선이 귀한 산간지방에서는 아무래도 생선을 발효시킬 필요가 있었을 것이다. 비근한 예로 안동의 간고등어를 떠올려볼 수 있는데, 일본의 내륙지방에서도 사정은 마찬가지였을 것으로 보인다.

일곱 번째, 밥과 내용물을 납작하게 눌러버리면 안 되느냐는 의문이다. 즉 밥과 내용물이 서로 이탈하지 않도록 납작하게 눌러 만든 방식인데

전형적인 예로 누른 초밥(押し寿司)을 들 수 있다. 일심동체라고 할까? 밥과 내용물이 서로 분리되지 않도록 밀착시켜버리는 사고의 유연성이 놀랍다. 발효한 고등어와 밥이 일체화된 고등어초밥(さば押し寿司), 발효한 전갱이와 밥이 일체화된 전갱이초밥(あじ押し寿司), 발효한 미꾸라지와 밥이 일체화된 미꾸라지초밥(秋刀魚寿司)을 들 수 있다.

마지막으로 서로 다른 종류의 초밥이 섞이면 안 되는가, 즉 반드시 단일한 종류의 초밥이 진열되어야 하는 것이다. 이러한 의문에서 필자는 서로 다른 조리법으로 만들어진 초밥이 상생하는 방식으로 패러디되는 사건이 어느 날 일어났다고 생각한다. 전형적인 예로 스케로쿠초밥(すけろく寿司)을 들 수 있는데, 쉽게 말하자면 유부초밥과 김밥말이초밥(巻き寿司)이 서로 공존하는 것이라 보면 된다(스케로쿠초밥이 만들어진 데에는 나름 사정이 있는데 이에 대해서는 천호재(2015:91)를 참조할 것). 원원생존이라고 할까?

7.3 일본라멘과 패러디

일본라멘도 그 누군가의 패러디에 의해 다양한 종류가 탄생했음을 쉬이 짐작해 볼 수 있다.

태초에 밀이라는 잡초가 있었다. 어느 날 중국의 어떤 머리 좋은 사람이 이 밀이라는 잡초의 낱알 껍질을 벗겨 빻아 가루로 만들어보았는데, 그것에 물을 조금 섞으면 가루가 흩어지지 않고 서로 응집한다는, 즉 반죽이 되는 사실을 알게 되었다. 또 반죽한 밀을 납작하게 펼쳐 가늘게 잘라 그 면을 삶아서 먹어보았는데 그 맛이 매우 좋다는 것을 알게 되었다.

달걀도 넣고, 양념도 넣고 여러 채소도 같이 넣어 끓였더니 맛있는 면

요리가 탄생하였는데 사람들은 그 요리를 중화라면이라 부르기로 약속하였다. 그 후 사람들은 중화라면을 원형대로 규칙을 지켜가며 조리해서 먹었다. 중화라면은 우선 밀가루 면을 끓는 물속에 넣어 삶아야 하며, 다 삶은 면을 채반에 넣어 물을 완전히 뺀 뒤, 간장이 들어간 뜨거운 물에 다시 삶은 면을 넣고 일정 시간 가열하여 어느 정도 익으면 그 위에 일정 크기로 자른 대파와 삶은 달걀을 얹어 먹어야 한다는 식으로 말이다.

이 중화라면이 어느덧 일본으로 건너가게 되었다. 일본의 똑똑한 어떤 사람이 중화라면을 패러디해야겠다는 생각을 하였다. 중화라면의 국물(타레, 액체양념)을 간장뿐만 아니라 액체소금이나 된장국물이어도 되지 않을까하고 생각한 것이다. 이 아이디어를 살려 조리해서 먹어보니 맛있었다. 그렇게 간장이 들어간 라면을 사람들은 간장라면(醤油ラーメン)이라고 불렀으며, 액체소금이 들어간 라면을 사람들은 소금라면(塩ラーメン)이라 불렀다. 된장국물이 들어간 라면을 사람들은 된장라면(味噌ラーメン)이라 불렀다.

패러디는 여기에서 끝나지 않았다. 사람들은 돼지고기나 소고기, 생선, 채소, 해초류를 넣은 육수를 고안해 냈다. 돼지뼈를 우려내어 만든 육수에 라면이 들어가면 그것을 사람들은 돼지뼈육수라면(豚骨ラーメン)이라 불렀다. 멸치육수가 들어간 라면을 사람들은 멸치육수라면(煮干しラーメン)이라고 불렀다. 날치 치어 육수로 만든 라면을 사람들은 날치육수라면(あごだしラーメン)이라고 하였다. 그 맛이 참으로 일품이었다.

육수를 우려내는 방법은 참으로 다양한데, 잘 알려진 방법 하나를 소개하면 다음과 같다. 잡은 참치를 말려서 나무토막처럼 단단하게 건조시킨다. 건조한 참치를 먹을 만큼 대패로 얇게 썰어 가열된 국물에 그것을 풀어 넣어 라면을 조리하는데, 그렇게 해서 조리된 라면을 가쓰오부시라면(鰹節ラーメン)이라 한다. 참으로 특이한 패러디라 하지 않을 수 없다.

건더기를 패러디한 라면도 많이 등장하였다. 원래 중화라면에는 대파와 삶은 달걀만이 건더기로 들어갔는데, 사람들은 앞을 다투어 돼지넓적다리, 만두, 메추리알, 버섯, 새우, 파, 미역, 장어, 카레 등을 넣어 먹기 시작하였다. 그 결과, 돼지고기라면(チャーシュー麺), 완탄면(ワンタン麺), 광동면(広東麺), 천진면(天津麺), 오목면(五目麺), 파코면(パーコー麺), 짬뽕면(チャンポン麺), 탄멘(タンメン), 파라면(ネギラーメン), 미역라면(ワカメラーメン), 장어라면(鰻ラーメン), 카레라면(カレーラーメン) 등이 생겨났다. 수많은 패러디가 이루어진 것이다. 패러디는 지금도 현재진행형이다.

라면의 패러디는 지역명을 딴 방식으로도 계속 이어지고 있다. 삿뽀로 명물 삿뽀로라면(札幌ラーメン), 하카타의 명물인 하카타라면(博多ラーメン), 나가사키의 명물인 나가사키라면(長崎ラーメン) 등을 들 수 있다.

7.4 일본우동과 패러디

어느 날 누군가가 중화라면 면을 보고 면발이 반드시 가늘어야 하는가 하는 의문을 가졌다. 그래서 그 누군가가 굵은 면을 만들어 조리해 먹어 보았더니 그 맛이 매우 일품이라는 사실을 알게 되었다. 그 소문은 삽시간에 많은 사람들에게 퍼져나갔다.

그랬다. 면은 반드시 가늘 필요는 없었다. 사람들은 이것을 우동이라고 불렀다. 우동을 좋아하는 사람들은 어떠한 장소에서도 먹을 수 있도록 면을 여러 가지 방식으로 패러디하였다. 우동 면을 0°C 이하로 보존한 칠드면(チルド麺), 우동 면을 장기간 보존할 수 있도록 한 건우동(干しうどん), 만든 우동면을 바로 넣어 먹을 수 있는 생우동(生うどん)과 반생우동

(半生うどん), 면을 냉동한 냉동우동(冷凍うどん), 면을 기름에 튀긴 튀김우동(油揚げ麺)을 패러디하기에 이르렀던 것이다.

라면과 마찬가지로 다양한 건더기를 넣은 우동이 패러디되고 그 결과 상품화되었다. 고기우동(肉うどん), 달맞이우동(月見うどん), 싯뽀쿠우동(しっぽくうどん), 다누키우동(たぬきうどん), 카레우동(カレーうどん), 야마가케우동(やまかけうどん), 붓가케우동(ぶっかけうどん), 힘우동(力うどん), 오다마키우동(おだまきうどん), 기자미우동(きざみうどん), 튀김우동(天ぷらうどん), 도지우동(とじうどん), 여우우동(きつねうどん), 안가케우동(あんかけうどん), 가야쿠우동(かやくうどん), 사누키우동(さぬきうどん) 등이 대표적인 예이다.

먹는 방식이 패러디되기도 하였다. 우동 면을 채반 위에 얹어 먹는 우동(ざるうどん), 면을 솥이나 남비에서 바로 건져 올려 먹는 우동(釜揚げうどん), 냄비를 데워서 먹는 우동(なべやきうどん), 된장으로 푹 끓여서 먹는 우동(味噌煮込みうどん), 면을 볶은 우동(やきうどん) 등으로 패러디되고 상품화된 것이다.

7.5 일본소바(메밀국수)와 패러디

어느 날 누군가가 문득 생각하였다. 면이 반드시 밀가루여야 하느냐고 말이다. 그래서 우연히 집 앞에서 자라는 메밀을 빻아 반죽을 해보았더니 밀가루처럼 반죽이 되는 것이었다. 그래서 면을 가늘게 뽑아 보았더니 매우 맛깔스러워 보였고, 실제로 조리해서 먹어보니 매우 맛이 있었다. 사람들은 그것을 소바(메밀국수)라고 불렀다. 그리고는 얼마 가지 않아 먹는 방식을 둘러싸고 다양한 패러디가 일어났다. 사람들은 메밀국수를

채반에 올려 먹었다. 그것을 사람들은 채반메밀국수(ざるそば)라고 불렀다. 사람들은 메밀국수를 간장에 찍어 먹었다. 그것을 사람들은 찍어먹는 메밀국수(つけそば)라고 불렀다. 사람들은 여우가 좋아하는 유부를 넣어 소바를 만들어먹기도 하였다. 사람들은 그것을 여우메밀국수(きつねそば)라고 불렀다. 사람들은 튀김 부스러기를 넣어 먹기도 하였다. 그것을 사람들은 다누키소바(たぬきそば)라고 불렀다. 사람들은 튀김을 넣은 메밀국수를 튀김메밀국수(てんぷらそば)라고 불렀다. 또한 사람들은 계란과 채소를 마치 서산에 떠오른 달 경치처럼 연출한 달구경메밀국수(月見そば)라 이름 붙여 먹기도 하였다.. 참마가 들어간 참마메밀국수(とろろそば), 대파가 들어간 남방메밀국수(なんばんそば), 오리고기가 들어간 오리남방메밀국수(鴨南蛮そば), 닭고기가 들어간 도리남방메밀국수(鳥南蛮そば), 돼지고기가 들어간 니쿠남방메밀국수(肉南蛮そば), 튀김이 들어간 튀김남방메밀국수(天南蛮そば)가 탄생하였다. 실로 엄청난 패러디가 일어난 것이다. 산채가 들어간 산채메밀국수(山菜そば), 버섯이 들어간 나도팽나무버섯메밀국수(なめこそば), 고로케가 들어간 고로케메밀국수(コロッケそば)까지 등장하게 된 것이다. 우동이나 라면과 마찬가지로 메밀국수 패러디도 현재진행중이다.

그뿐만이 아니었다. 메밀국수를 용기에 넣어 뜨거운 간장 국물을 끼얹어 조리한 가케소바도 탄생하였다. 가케소바도 들어가는 건더기에 따라 다양한 패러디가 이루어졌다. 얇게 썬 유부가 들어간 유부메밀국수(きざみそば), 새우, 넙치, 도미를 갈아 으깨서 만든 오보로가 들어간 오보로메밀국수(おぼろそば), 다양한 건더기가 들어간 겐친메밀국수(けんちんそば), 싯뽀쿠메밀국수(しっぽくそば)가 탄생하였다. 표면을 달걀로 뒤덮은 도지메밀국수(とじそば), 미역이 들어간 미역메밀국수(わかめそば), 다양한 식재가 들어간 오목메밀국수(ごもくそば), 구운 청어 한 마리가 통째로 들어간 청어메밀국수(にしんそば), 하라코(생선알이 들어간 하라코메밀국수(はらこそば), 김이 들어간 모양이 마치 꽃을 뿌려놓은 형상 같다고 하여 이름 붙여진 꽃뿌린메밀국수(はなまきそば) 등이 패러디되고 상품화되었다. 또한 닭고기를 넣은 닭고기메밀국수(かしわそば), 탈(おかめ)의 형상을 닮은 탈메밀국수(おかめそば)가 패러디되고 상품화되었다.

제8장
민담으로 본 일본사회-한국사회와의 비교

8.1 일본사정과 민담

본 연구의 목적은 한국과 일본의 민담[1]이 정치, 경제, 사회, 문화 분야에서 수용되는 양상을 비교 분석함으로써 한국과 일본의 사회정세를 이해하고 일본의 정세를 통해서 한국사회가 직면한 문제점을 어떻게 해결할 수 있을지를 모색하는 것이다. 민담에 대한 종래의 연구는 우선 민담의 모티브, 주인공의 성격, 금기 등을 분석한 것, 둘째, 민담을 활용한 언어 4기능 발달과 문법을 중시한 일본어교육학적인 연구, 셋째, 스토리텔링교육의 일환으로 고찰한 것, 마지막으로 민속학과 구승문예에 관한 민속학적 연구로 나눌 수 있는데, 본 연구와 같이 일본의 민담을 현재 사회정세와 관련시켜 재조명한 분석은 전무한 것으로 본 연구자는 알고 있다.

본 연구가 민담을 매개로 한국과 일본의 사회정세를 고찰하고자 하는 이유로는 첫째, 민담을 매개로 하면 한국과 일본의 정치, 경제, 사회, 문

---

[1] 민담은 전래동화 혹은 옛날이야기로 불리기도 하는데, 본 연구에서는 민담으로 통칭한다.

화 분야에 대한 유기적이고 심도 있는 이해가 가능하기 때문이다. 예를 들어 일본의 민담 '가구야공주'는 온천장, 전통부채 제조 공장, 초밥 가게, 향토요리 전문점, 사진관, 고속버스, 과자가게, 미술관, 계란농장, 관광버스, 공방, 미용실, 쌀, 상품권, 풍속사업 등의 경제영역에서 상호로 채택되는 것을 볼 수 있는데, 일견 별개로 보이는 이들 경제 영역들이 민담 '가구야공주'를 통해 유기적으로 연결됨으로써 현대 일본인들의 생활상이 심도 있게 드러난다. 즉 경제적인 영역이 제각각 달라도 각각의 영역들은 '가구야공주'에 내재된 가치관을 공유하는 방식으로 연결되는데, 민담이라는 매개체가 없으면 이들 경제 영역들을 유기적으로 엮어 고찰할 기회가 처음부터 주어지지 않는다. 한국의 경우, 한국의 민담 '콩쥐팥쥐'는 주식 및 증권투자 설명을 위해 인용되고, 관광지 건립의 모티브가 되며, 부산깡통시장 팥죽 전문 가게의 상호, 스낵과자 명칭 등으로 채택되기도 한다. 이러한 현상들은 민담과 경제에 대한 일본인과 한국인의 가치관을 이해하는 단서가 될 수 있기에 매우 중요하다고 할 수 있다.

둘째, 민담을 통해서 일본인과 한국인들의 심층문화(인생관, 가치관)를 이해할 수 있다. 민담에는 조상들의 다양한 체험에서 비롯된 지혜와 가치관이 내재되어 있기 때문이다. 예를 들면, 일본의 민담 '우라시마타로'에는 강자가 약자를 괴롭혀서는 안 되고 세월은 무상하며 인생은 일장춘몽이라는 인생관이 내재되어 있다. 한국의 민담 '흥부와 놀부'에는 상대를 위할 줄 모르고 자신의 사리사욕만 취하면 언젠가는 사회적으로 큰 징계나 벌을 받을 수 있다는 사회상과 권선징악적 가치관이 내재되어 있다. 또한 민담의 제목을 상호로 채택한 온천장, 전통부채 제조 공장, 초밥 가게의 상호를 통해서 자사나 특정 점포의 이미지를 소비자에게 전달하고자 하는 운영자의 의도를 읽어낼 수도 있다. 따라서 민담은 이야기 그 자체뿐만 아니라 민담을 수용한 현대 한국사회와 일본사회의 구성원들에게 내재된 가치관과 심층문화를 이해하는 데 매우 유용하다고 할 수 있다(본문에서 상술한다.). 만약 이러한 생각이 진정으로 타당하다면 일본사정에 대한 독창적이고 창의적인 이해와 일본사회에 산재한 문화 융합의 가능성을 모색할 수 있을 것으로 기대된다.

제8장에서는 민담을 통한 일본사정과 한국사정이 어떠한 점에서 유사하며, 혹은 차이점이 나는지에 대해서 살펴보고자 한다. 생태계가 모두 연결되어 있듯이 일본사정의 이해는 곧 한국사정의 이해로 귀결된다는 것을 명심할 필요가 있다고 하겠다. 세상은 동떨어져 있는 것이 아니라 서로 연결되면서 상호작용을 한다. 이것은 우리가 왜 일본사정을 이해해야 하는가라는 물음에 대한 대답이 될 수 있다.

8.2 선행 연구

선행 연구는 크게 민담의 전달적 측면에 바탕을 둔 연구와 민담을 활용한 일본어교육학적인 연구, 민속학적 연구로 나눌 수 있다. 우선 민담의 전달적 측면에 바탕을 둔 연구로는 대표적으로 미즈노(水野, 2015), 후지(藤, 2014), 하야노(早野, 2013), 나카가와(中川, 2013), 이가라시(五十嵐, 2012), 오카다(岡田, 2011), 김병건(2015), 이은선(2010) 등의 연구를 들 수 있다. 이들 연구에서는 민담에 내재된 교훈, 도덕성(인간의 도리), 권선징악 등과 같은 한정된 의미를 중점적으로 고찰한 것이다.

둘째, 민담을 활용한 일본어교육학적 연구이다. 대표적으로 다카기(高木, 2015), 이케다 외(池田外, 2015), 오자와(小沢, 2014), 이토(藤田, 2013), 후쿠다(福

田, 2013), 나가하타(長畑, 2012), 야구치(矢口, 2011), 이토(伊藤, 201), 돌람(2015), 유진(2015), 황다혜(2015), 심지혜(2014), 박옥화(2014), 이오암(2013), 이효숙(2012), 전수희(2011), 천호재(2007, 2011), 천호재·이은선(2010) 등의 연구를 들 수 있다. 이들 연구에서는 민담을 통한 문화교육, 문법교육, 언어4기능 습득에 관련된 연구가 주류를 이룬다.

이들 연구는 전통 민속학적 방법, 제국주의와 식민주의적 관점, 민속 연구의 형성과 발전에 관한 기초연구, 역사적 관점 등으로 민담을 분석하였다.

이상에서 살펴본 바와 같이 기존의 연구에서는 민담 그 자체에 대한 분석이 주류를 이루며, 본서에서와 같이 민담을 현재라는 시공에 넣어 일본과 한국의 정치, 경제, 사회, 문화를 비교 분석하고자 한 연구는 보이지 않는다. 본 연구는 민담을 통한 유연하고 창조적인 접근 방식을 통해서 오늘날의 일본과 한국의 정세를 이해하는 데에 무엇보다 주안점을 두고 있는 것이다.

8.3 연구 방법

민담을 통한 한국과 일본사정의 비교 방법으로 두 가지 방법을 들 수 있다. 하나는 한국과 일본 전역을 다니면서 민담의 수용 양상을 분야별로 직접 관찰하는 것이다. 그러나 이 방법은 시간적, 물리적, 공간적 제약 때문에 현실적으로 불가능하다. 다른 하나는 포털을 활용하여 민담에 대한 일본사회의 수용 양상을 고찰하는 것이다. 이 방법은 공간적, 시간적, 물리적 제약을 거의 받지 않고, 방대한 자료를 검색할 수 있으므로 매우 유용하다.

따라서 본 연구에서는 이 방법을 채택하기로 한다. 구체적으로, 인터넷 포털 사이트 가운데 구글을 선택하여 그것에서 검색한 자료(신문, 잡지, 홈페이지, 블로그 등)를 분석한다. 구글을 선택한 이유는 현재 구글이 인터넷 매체 가운데 정보량이나 정보의 질적인 측면에서 가장 우수한 평가를 받고 있으며, 또한, 막강한 자금력을 동원하여 신문사나 통신기업, 마이크로 소프트와 같은 거대한 기업을 지배하려는 전략을 구사하는 것으로 알려져 있기 때문이다.

그런데 구글이 보유하고 있는 자료는 인간의 손을 통해 모은 것이 아니다. 이는 로봇이라 불리는 검색엔진이 전 세계에 펼쳐진 정보의 바다, 즉 인터넷을 떠돌며 자주 업데이트되는 홈페이지(개인, 관공서, 회사, 방송국, 신문사, 잡지사 등등)나 주요 포털 사이트, 블로그, 카페 등에 수록되어 있는 정보를 수집하여 모은 것이다. 정보를 로봇이 수집하기 때문에 문자를 형태적으로 인식은 하지만, 인간이 원하는 자료의 내용을 인식하지는 못하여 현재로서는 사람이 수작업으로 일일이 확인할 수밖에 없다.

또한, 구글에는 뉴스를 제외하고 검색된 자료가 정치, 경제, 사회, 문화 분야별로 분류가 되어 있지 않기 때문에 사람이 일일이 해당 검색 자료를 읽으면서 분류하는 작업을 해야 한다. 본 연구에서는 이들 카테고리 중에서 '웹문서'에 한정하여 그 속에 나타난 10개의 민담들이 정치, 경제, 사회, 문화라는 범주 속에 어떻게 수용되는지를 분석한다.

연구 방법을 구체적으로 말하자면 우선 일본 민담(10개)과 한국의 민담(10개)이 정치, 경제, 사회, 문화 분야에서 수용된 양상을 수치를 근거로 양적으로 비교한다. 먼저 일본의 민담(10개)과 한국의 민담(10개)이 정치, 경제, 사회, 문화 분야에서 수용된 사례를 하나하나 확인하면서 개별 민담과 전체 민담의 개별 수용 건수를 카운트하고 백분율로 환산을 한다. 일본사회에서 가장 많이 수용된 민담, 적게 수용된 민담을 막대그래프를 통해서 다시 비교를 함으로써, 민담이 제각기 다양한 방식으로 수용되는 양상을 확인한다. 한국의 민담도 동일한 방식으로 비교를 행하여 제각기 다양한 방식으로 한국사회에서 수용되는 양상을 확인한다. 마지막으로 수치를 통해 일본과 한국의 민담이 정치, 경제, 사회, 문화 분야에서 수용되는 양상을 비교한다.

둘째, 한국과 일본 민담이 정치, 경제, 사회, 문화 분야에서 수용된 양상을 내용을 바탕으로 비교 설명한다. 일본의 민담이 정치, 경제, 사회, 문화 분야에서 수용된 실제 사례를 일일이 검토하고 예를 들어 일본 정치적 문제로 오고 간 이슈들로 어떠한 것들이 있었는지를 확인한다. 한국의 민담도 동일한 방식으로 분석을 하고 일본과 한국의 민담들이 정치, 경제, 사회, 분야에서 어떻게 수용되었는지, 일본에만 있는 것, 한국에만 있는 것, 일본과 한국 양쪽 모두 있는 것을 확인하여, 일본의 사례를 통해서 한국사회의 문제를 진단하거나 해결하기 위한 자세를 취할 필요성이 있음을 역설하고자 한다.

8.4 고찰의 범위

본서에서는 한국과 일본의 수많은 민담 중에서 대표적인 민담 10개씩을 선정하였다. 선정 이유는 아래에 제시한 민담들이 비교적 인지도가 높다는 점과 이들 민담들이 한국과 일본의 정치, 경제, 사회, 문화 분야에서 골고루 수용되는 것으로 나타났기 때문이다.

〈표1〉 고찰의 대상(일본과 한국의 민담)

No	일본 민담	한국 민담
1	노인버리는산	혹부리영감
2	주먹밥	흥부와 놀부
3	볏집장자	콩쥐팥쥐
4	가구야공주	효녀심청
5	꽃을피운할아버지	별주부전
6	숫쟁이부자	우렁각시
7	학의보은	도깨비방망이
8	긴타로	에밀레종
9	모모타로	의좋은 형제
10	우라시마타로	청개구리

이하 일본의 민담 제목과 줄거리를 제시하면 다음과 같다. 단, 한국 민담의 줄거리 제시는 생략한다.

> · **노인버리는산**-식량 절감을 위해 60세 이상의 노인을 산에 버려야
>   했는데, 산에 버려진 노인의 지혜 덕분으로 나라를 위기에
>   서 구한다는 내용이다.
> · **주먹밥**-나뭇꾼의 주먹밥을 받아먹은 쥐들이 나뭇꾼에게 은혜를 갚
>   는다는 내용이다.
> · **볏집장자**-지푸라기로 부자가 되는 가난하지만 신심어린 청년의 이야기.
> · **가구야공주**-아름다운 가구야공주가 애지중지 키워준 노부모를 외면
>   하고 허무하게 달나라로 가버린다는 내용이다.
> · **꽃을피운할아버지**-나무절구를 태워 남은 재를 죽은 벗나무에 뿌리
>   니 그 벗나무에서 꽃이 피어났다 는 이야기이다.
> · **숫쟁이부자**-가난한 숫쟁이 총각이 우여곡절 끝에 부잣집 딸과 혼인
>   하여 행복해진다는 이야기이다.

· **학의보은**-학이 자신의 깃털을 베틀에 넣어 짜서 자신을 구해준 사람을 위해 은혜를 갚는다는 내용이다.
· **긴타로**-산에서 자란 힘센 긴타로가 오니(도깨비)에게 봉변을 당할 뻔한 공주님을 구하고 마침내 그 공주님과 결혼한다는 내용이다.
· **모모타로**-모모타로가 개, 꿩, 원숭이와 함께 오니를 무찌른다는 내용이다.
· **우라시마타로**-거북이를 구해준 답례로 용궁에 7일 동안 머물렀는데, 뭍으로 나와 보니 100년이라는 긴 세월이 흘렀고 허무하게 주인공은 백발의 노인이 되어버렸다는 내용이다.

8.5 민담 수용의 양적 비교

일본의 민담과 한국의 민담이 정치, 경제, 사회, 문화 분야에서 수용된 양상을 수치로 정리하여 비교하면 다음과 같다. 괄호 속의 숫자는 백분율이며, 괄호 밖의 숫자는 수용 건수이다. 수용 건수는 총 수용 건수가 아닌 개별 수용 건수임을 다시 밝혀둔다.

〈표2〉 일본과 한국의 정치, 경제, 사회, 문화 분야의 민담 수용 양상의 비교

번호	일본의 민담					한국의 민담				
	정치	경제	사회	문화	합계	정치	경제	사회	문화	합계
1	3 (12)	4 (16)	13 (52)	5 (20)	25 (100)	1 (5)	3 (17)	5 (28)	9 (50)	18 (100)
2	0 (0)	8 (40)	0 (0)	12 (60)	20 (100)	0 (0)	4 (27)	3 (20)	8 (53)	15 (100)
3	0 (0)	19 (51)	13 (35)	5 (14)	37 (100)	1 (5)	5 (24)	3 (14)	12 (57)	21 (100)
4	0 (0)	19 (56)	0 (0)	15 (44)	34 (100)	0 (0)	4 (20)	6 (30)	10 (50)	20 (100)

5	0 (0)	25 (78)	3 (9)	4 (13)	32 (100)	0 (0)	5 (33)	0 (0)	10 (67)	15 (100)
6	0 (0)	13 (59)	3 (14)	6 (27)	22 (100)	1 (4)	13 (59)	3 (14)	5 (23)	22 (100)
7	0 (0)	10 (38)	2 (8)	14 (54)	26 (100)	0 (0)	6 (55)	2 (18)	3 (27)	11 (100)
8	0 (0)	20 (69)	1 (3)	8 (28)	29 (100)	0 (0)	4 (31)	2 (15)	7 (54)	13 (100)
9	0 (0)	6 (85)	0 (0)	1 (14)	7 (100)	1 (7)	4 (29)	2 (14)	7 (50)	14 (100)
10	0 (0)	4 (27)	2 (13)	9 (60)	15 (100)	2 (13)	8 (53)	1 (7)	4 (27)	15 (100)
평균	3 (1)	128 (52)	37 (15)	79 (32)	247 (100)	6 (4)	56 (34)	27 (16)	75 (46)	164 (100)

　<표2>를 보면 일본 민담의 총수용 건수는 247건, 한국 민담은 164건으로 일본 쪽이 훨씬 많은 것을 알 수 있다. 이들 건수를 근거로 한국보다 일본사회에서 뭔가의 이유로 민담을 수용하는 자세가 훨씬 적극적임을 알 수 있다.

　일본 민담에서는 '볏집장자'의 총수용 건수가 37건으로 가장 많고, '가구야공주'가 34건, '꽃을피운할아버지'가 32건으로 그 뒤를 잇고 있다. 그리고 '모모타로'가 7건으로 가장 낮은 수치를 보였다. 일본 민담이 정치 분야에서 수용되는 경우는 '노인버리는산'이 유일하다. 경제 분야에서 '모모타로'가 가장 많이 수용되지만, '가구야공주', '꽃을피운할아버지', '숫쟁이부자', '긴타로' 등도 모두 높은 비율로 경제 분야에서 수용되는 것을 볼 수 있다. '노인 버리는 산'이 가장 적게 수용된 것이 확인된다. 사회 분야에서는 '노인 버리는 산'이 가장 많이 수용되었으며, 그 다음이 '볏집장자'이다. '모모타로'와 '가구야공주'는 수용 양상은 낮은 편이다. 마지막으로 문화 분야에서는 '주먹밥'과 '우라시마타로'가 가장 많이 수용되었으며, '학의 보은'과 '가구야공주'가 각각 그 뒤를 잇고 있

다. '볏집장자'와 '꽃을 피운 할아버지', '모모타로'가 매우 낮은 수치를 보임에 따라 이들 민담들이 문화 분야에서 가장 적게 수용되는 것을 볼 수 있다. <표>에 나타난 양상을 막대그래프로 표시하면 다음과 같다.

〈표3〉 정치, 경제, 사회, 문화 분야의 민담 수용 양상(일본)

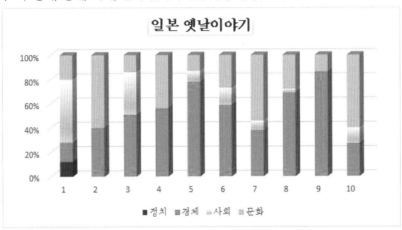

위의 <표3>을 보면 각 민담들은 경제와 문화 분야에서 가장 많이 수용되는 것을 알 수 있다. 나아가 <표3>에서 일본 민담들이 각 분야별로 수용되는 정도가 제각기 다르다는 것을 알 수 있다.

한편 한국 민담에서는 '우렁각시'의 총 수용 건수가 22건으로 가장 많았다. '콩쥐팥쥐'와 '효녀심청'이 각각 그 뒤를 잇고 있으며, '도깨비방망이'가 가장 적은 수치를 보였다. 한국의 경우, 일본과는 달리, 낮은 편이긴 하지만 정치 분야에서 여러 민담이 수용되는 것으로 나타났다. 그 예로 '혹부리영감', '콩쥐팥쥐', '우렁각시', '의좋은형제'와 '청개구리'를 들 수 있다. 경제 분야에서는 '우렁각시', '도깨비방망이', '청개구리' 등이 높은 비중으로 수용되었으며, '혹부리영감'은 낮은 수용 양상을 보였다. 사회 분야에서는 '혹부리영감'과 '효녀심청'이 많이 수용되었으며, '청개구리'는 거의 수용되지 않았다. 문화 분야에서는 '혹부리영감', '흥부와놀부', '콩쥐팥쥐', '별주부전', '에밀레종', '의좋은형제' 등의 민담이 50% 이상의 높은 비율로 수용되었다. <표2>에 나타난 한국 민담의 수용 양상을 막대그래프로 표시하면 <표4>와 같다.

〈표4〉 정치, 경제, 사회, 문화 분야의 민담 수용 양상(한국)

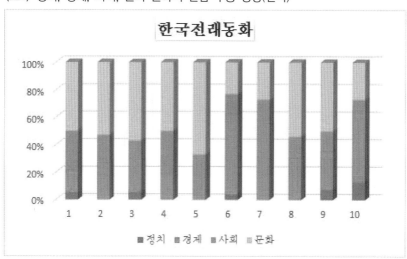

<표1>에 나타난 한국과 일본 민담의 평균적인 수용 양상을 막대그래프로 표시하면 다음과 같다.

〈표5〉 정치, 경제, 사회, 문화 분야의 민담 수용 양상(한국)

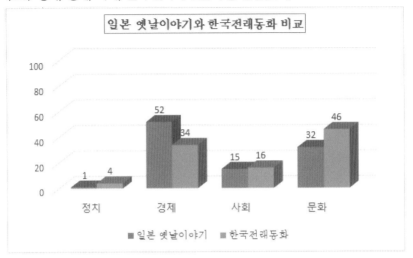

<표5>를 보면, 한국과 일본의 민담이 경제 분야와 문화 분야에서 수용되는 정도의 차이가 나는 것을 알 수 있다. 일본의 경우, 민담이 경제 분야에서 수용되는 정도가 높은 반면, 한국의 경우는 문화 분야에서 수용되는 정도가 높은 것을 알 수 있다.

이 절에서는 한국과 일본 민담의 수용 양상을 단순히 수치로 비교하였는데, 8.6절에서는 내용적인 측면에서 각 분야별로 민담이 수용되는 양상을 살펴보기로 하겠다.

8.6 민담 수용의 내용상 비교

8.5절에서는 정치, 경제, 사회, 문화라는 범주로 나누어 민담의 수용

양상을 고찰하였는데 단순한 양적 비교에서 벗어나서 범주별로 구체적으로 민담들이 어떻게 수용되는지를 살펴볼 필요가 있다. 이 절에서는 각 분야별로 한국과 일본 민담이 구체적으로 어떻게 수용되는지를 살펴볼 것이다.

8.6.1 정치 분야의 비교

정치 분야에서는 일본의 민담 가운데 '노인버리는 산'이 유일하게 수용된 것을 알 수 있었다. 2010년 4월부터 후기고령자의료제도의 시행에 따라 보험료가 인상되는 바람에 노령자의 의료비 부담이 증가되었는데, 이를 둘러싸고 민주당과 자민당의 격렬한 대립이 있었다. 그리고 최근에는 60세를 넘는 노령자들을 지방으로 이주시킨다는 정책을 자민당에서 발표하기도 하였다. 이로써 우리가 알 수 있는 것은 대략 세 가지 정도인데, 첫째가 노령자의 의료비 부담의 증가, 둘째가 일본 정부의 의료 예산비 지출 증가에 따른 국민 세금 부담의 증대, 마지막이 노령자의 지방 이주와 같은 정책의 구상이다. 이와는 약간 성격이 다르긴 하지만, 한국에서는 한때 공무원연금문제를 둘러싸고 많은 정치적 논쟁이 일기도 하였다.

한편 한국에서는 먼저 '혹부리영감'이 정치 분야에서 수용된 것이 확인되었다. '세월호특별법' 제정을 둘러싸고 ○○○당과 ○○○당이 합의를 하였는데, 그 합의 결과가 유가족의 입장을 충분히 반영하지 못하다는 여론의 지적에 따라, 세월호 문제를 가지고 정치적 역공을 펼쳐 이미지 도약을 할 좋은 기회를 가질 수도 있었던 ○○○당으로서는 결국 이도저도 아닌 형편에 놓였다는 것이다. 또한 '콩쥐팥쥐'가 정치 분야에서 수용된 사례도 있었다. ○○○ 정부에서 특정 정책에 찬성하는 사람과 반대하는 사람들을 '콩쥐팥쥐'라는 폭력적인 이분법적인 논리로 다루는 일부 언론의 자세를 특정 언론에서 꼬집은 것이다. '우렁각시'가 박○○ 시장 자신의 선거유세를 위해 수용된 경우도 있었다. 그는 새벽 일찍 버스로 출근하는 시민들을 '우렁각시'로 비유했는데, 그것은 '우렁각시'처럼 착하고 근면하게 사는 모습을 강조함으로써 시민들에게 자신의 이미지 도약을 도모하고자 한 것이다. '도깨비방망이'가 정치 분야에서 수용되기도 하였는데, 과거 여야의 복지재원 마련 방안이 뚜렷하고 합리적인 연구 절차를 거치지 않은 추상적인 방안인 경우가 많았다. 하지만 그들 방안의 실효성이 검증되지 않은 경우가 많아 '도깨비방망이'로 비유된 것이었다. 의좋은 형제가 ○○○정부가 140대 국정과제로 공약한 공공갈등 시스템 강화라는 난제를 풀어가는 일환으로 충남도의 상생 및 화합을 위한 정책적 수단으로 활용되어야 한다는 점을 역설하기 위해 수용된 사례도 있었다. 청개구리가 수용된 사례도 있다. 서민에게는 증세를 하고, 부자에게는 감세나 골프세 감면을 취진하는 ○○○정부의 정책을 꼬집기 위해 '청개구리'이야기가 수용한 것이다.

이와 같이 일본의 경우는 후기고령자의료제도라는 정책을 둘러싸고 민담이 수용된 반면에 한국의 경우는 세월호 특별법, 특정 정부의 정책에 반대하는 사람들, 선거유세, 복지재원 마련 방안, 상생 및 화합을 위한 정책적 수단, 증세와 감세 문제를 둘러싸고 민담이 수용된 것을 확인할 수 있었다. 이를 정리하면 다음과 같다.

일본의 민담	한국의 민담
후기고령자의료제도 정책	세월호 특별법, 특정 정부의 정책에 반대하는 사람들, 선거유세, 복지재원 마련 방안, 상생 및 화합을 위한 정책적 수단, 증세와 감세 문제

우리가 일본의 사례를 통해 한국 사회를 진단해야 하는 것처럼, 우리 한국의 사례를 통해서도 일본 사회의 정치 시스템을 진단하거나 해결하는 계기가 부여될 수도 있을 것이라 생각한다.

8.6.2 경제 분야의 비교

일본의 경우 경제 분야에서 민담이 모두 수용되는 것을 볼 수 있었다. 경제 분야에서 민담이 수용되는 경우는 크게 신문(블로그)의 기사와 상호로 채택되는 경우이다.

먼저 신문(블로그)에 난 비즈니스 칼럼으로 민담이 수용되는 경우부터 살펴보도록 하자. 그 예로 '노인버리는산'에 등장하는 노인의 지혜를 잘 활용하여 기업문화의 활로를 되찾자고 역설한 칼럼(에세이)이 있었다. '노인버리는산'이 일본정부의 창업 인구 육성에 대한 비판을 위해서 수용되는 경우도 있었으며, '노인버리는산'을 일본경제의 악순환과 노인들에 대한 사회보장을 결부시킨 칼럼도 있었다. 회사에 사원들의 업무 능력을 향상시킴으로써 기업 내에 '노인버리는산'을 만들지 않는 방법을 역설한 칼럼도 있었다. 성공적인 창업을 위한 키워드로 '볏집장자'를 수용한 칼럼이 있었다. '볏집장자'를 활용한 세계 최신 마케팅 전략을 수립한 블로그 칼럼도 있는가 하면, 어느 IT 업계에 종사하는 사람의 성공담으로 인용되기도 하였다. '볏집장자'를 모델로 성공적인 부동산 투자, 성공적인 주식투자를 설명하거나 경제학적인 사고방식을 알리는 블로그 칼럼이 있었다. '꽃을피운할아버지'가 애완용동물의 산업적 가치를 논평하기 위해서 수용된 신문기사가 있었다.

그다음으로 민담의 제목이 그대로 상호로 채택되는 경우가 있었다. '주먹밥'이 식품회사명, 식당명, 도시락 가게명, 일본 전통과자명, 유아용 장난감명으로 채택되기도 하고, '볏집장자'가 가구, 잡화, 인테리어를 취급하는 회사명, 식당명으로 채택되는 경우가 있었다. '가구야공주'가 온천장 상호, 전통공예품을 제작하는 회사명, 후루카와 운송회사명, 초밥가게명, 향토요리 전문 가게 상호, 사진관명, 고속버스명, 과자전문점 상호, 미술관명, 계란농장의 상호, 공방명, 미용실명, 쌀이름, 상품권명, 풍속사업명으로 채택되었다. '꽃을피운할아버지'가 대중식당명, 꽃가게명, 토양개선제, 버섯과 양말을 생산하는 회사명으로 채택되는 것이 확인되기도 하였다. '숫쟁이부자'를 상호로 한 선술집, 일식집, 레스토랑, 여관, 관광업체가 확인되었다. '학의보은'을 상호(제목)로 한 택배회사, 노인요양원, 전통주, CM 등이 있는 것이 확인되기도 하였다. '긴타로'가 온천장, 라면 가게, 선술집, 향토요리 전문점, 불고기식당, 초밥가게, 스파게티 전문점, 버스회사명, 부동산투자회사, 사탕, 참치회사, CM, 자연농원, 인터넷마작 사이트, 만화, 생선 등의 상호 혹은 상품명으로 채택되는 것도 확인되었다. '모모타로'의 경우 불고기식당의 상호, CM의 제목으로 채택되는 경우가 있었으며, '우라시마타로'가 선술집, 식당의 상호, CM 제목으로 채택되는 것이 확인되었다.

이상 살펴본 내용을 민담별로 정리하면 다음과 같다.

일본 민담	수용 사례
노인버리는 산	기업문화 활로를 위한 칼럼, 일본정부의 창업육성에 대한 비판 칼럼, 일본경제의 악순환 원인, 사원들의 업무능력 향상,
주먹밥	식품회사명, 식당명, 도시락 가게명, 일본 전통과자명, 유아용 장난감명
볏집장자	성공적인 창업을 위한 칼럼, 마케팅전략, 성공담, 부동산투자, 주식투자, 가구(잡화, 인테리어)회사명, 식당명
가구야공주	온천장 상호, 전통공예품회사명, 후루카와 운송회사명, 초밥가게명, 향토요리 전문 가게 상호, 사진관명, 고속버스명, 과자전문점 상호, 미술관명, 계란농장의 상호, 공방명, 미용실명, 쌀이름, 상품권명, 풍속사업명
꽃을피운할아버지	애완용동물의 산업적 가치, 대중식당명, 꽃가게명, 토양개선제, 버선과 양말을 생산하는 회사
숯쟁이부자	선술집, 일식집, 레스토랑, 여관, 관광업체
학의보은	택배회사, 노인요양원, 전통주, CM
긴타로	온천장명, 라면가게명, 선술집명, 향토요리 전문점명, 불고기식당명, 초밥가게명, 스파게티 전문점명, 버스회사명, 부동산투자회사명, 사탕이름, 참치회사명, CM 제목, 자연농원명, 인터넷마작사이트명, 만화명, 생선명
모모타로	불고기식당 상호, CM 제목
우라시마타로	선술집, 식당의 상호, CM 제목

위에서 정리한 민담별 수용 사례를 보면, '노인버리는산'과 '볏집장자'는 주로 경제기사나 칼럼으로 채택되며, 나머지 민담은 다양한 경제 분야에서 수용되는 것을 알 수 있다. '가구야공주'와 '긴타로'가 경제 분야에서 가장 광범위하게 수용되는 것도 확인된다.

이번에는 한국의 민담이 경제 분야에서 수용되는 사례를 살펴보도록 하자. 일본과 마찬가지로 민담이 칼럼이나 기사의 소재로 채택되는 경우와 상호로 채택되는 경우가 있다. 먼저 칼럼이나 기사의 소재로 민담이 채택되는 경우부터 살펴보도록 하자. 먼저 '혹부리영감'이 주식투자자들을 대상으로 하는 투자법을 설명하기 위해 수용된 경우가 있었다. 또한 '콩쥐와 팥쥐'는 주식과 증권 투자 방법의 일환으로 비유가 되기도 하였다. 어느 보험회사에서는 '효녀심청'으로 자사의 사망보험 상품을 설명하는 데에 채택하기도 하였다. '청개구리'의 경우, 증권회사의 투자클럽에서 주식투자 방법을 설명하는 데에 채택이 되기도 하였다.

　그다음으로 민담의 제목이 상호로 채택되는 경우를 보도록 하자. '혹부리영감'이 전북대 주변의 대학생들을 주요 손님으로 하는 어느 식당과 익산시 어양동의 한식 맛집의 상호로 채택되는 예가 확인되었다. '흥부와 놀부'는 쌈밥과 청국장 등의 전통음식점, 펜션, 종합쇼핑몰 상호로 채택되기도 하였다. '콩쥐팥쥐'는 부산 깡통시장의 팥죽 전문점, 콩과 팥을 재료로 한 스낵과자의 상품명으로도 채택되었다. '효녀심청'은 대우캐피탈 이자율에 대한 광고, 노인복지센터, 사회서비스 센터의 홍보의 일환으로 수용되기도 하였다. '별주부전'은 역삼동 해물 맛집, 제주도 서귀포시의 어느 식당, 서귀포시 동부 맛집의 상호로 채택되기도 하였다. '우렁각시'는 여성 가사도우미 파견회사의 상호로 채택되기도 하고, 사회기업이나 부산 한복가게 상호로 채택되기도 하였다. 또한 '우렁각시'는 제천 한정식 맛집, 구월동 문예길 쌈밥, 남양주의 어느 식당, 수제비집의 상호로 채택되기도 하고, 봉촌연근농장의 연근명 뚝배기의 상품명으로 채택되기도 하였다. '도깨비방망이'는 주방 가전제품명, 사회인 야구 배트명으로 채택되는가 하면, 친환경 청소 전문업체의 상호, 전남 장흥의 보리밥집, 무농약 가시오이명으로 채택되기도 하였다. '에밀레종'은 전통수공예품,

장식소품, 기념품명, 불교용품, 무속용품 쇼핑몰의 상호로 채택되기도 하였다. '의좋은형제'는 장터의 행사명, 한의원, 쇼핑몰의 상호, 예산 사과의 상품명, 예산군 농특산물 공동브랜드명으로 채택되기도 하였다. '청개구리'는 청주를 대표하는 쌀과 현미의 이름, 쌀 쇼핑몰의 상호로 채택되는가 하면, 에어컨, 제습기와 같은 여름제품을 겨울에 구매하자는 쇼핑몰의 상호로 채택되기도 하였다. 또한 참존화장품을 생산하는 기업의 이미지로 '청개구리'가 채택되는가 하면, 약국과 손세차장의 상호로 채택되기도 하였다.

이상 살펴본 내용을 민담별로 정리하면 다음과 같다.

한국 민담	수용 사례
혹부리영감	주식투자광고, 전북대앞 술집명, 익산시 어양동의 한식집명,
흥부와놀부	쌈밥가게명, 청국장가게명, 펜션명, 종합쇼핑몰
콩쥐팥쥐	주식 및 증권의 투자 방법, 콩쥐팥쥐 배경마을 건립, 부산깡통시장 팥죽 전문가게명, 스낵
효녀심청	보험회사(사망보험) 광고, 대우캐피탈 내게론 광고, 노인복지센터 및 봉사활동 서비스
별주부전	테마파크 관광지, 역삼해물맛집명, 제주서귀포시 식당명, 서귀포시동부맛집명
우렁각시	여성 가사도우미 파견회사명, 재천 한정식맛집명, 구월동 문예길 쌈밥집명, 수제비가게, 봉촌연근농장명, 뚝배기집명, 유한회사명, 사회적 기업명, 부산 한옥명가 상호
도깨비방망이	주방가전제품명, 친환경 청소전문 업체명, 사회인 야구배트명, 전남장흥 보리밥집명, 가시오이명
에밀레종	전통수공예품, 장식소품, 기념품, 불교용품, 무속용품쇼핑몰
의좋은 형제	장터 행사명, 한의원명, 쇼핑몰상호, 친환경사과명, 농특산물 공동브랜드명
청개구리	주식정보회사, 증권회사 등의 투자클럽명, 쇼핑몰(쌀, 가전제품), 쌀이름, 화장품회사의 이미지, 약국명, 손세차장명

위의 정리한 내용을 보면, '혹부리영감'과 '콩쥐팥쥐', '효녀심청'은 주식투자 칼럼이나 보험회사 광고를 위하여 채택되는 반면에, 다른 민담들은 다양한 분야에서 채택되는 것을 알 수 있다. 그리고 우렁각시와 의좋은 형제, 청개구리는 다른 민담에 비해서 채택되는 범위가 넓은 것을 알 수 있다.

이상 고찰한 한국과 일본의 민담이 경제 분야에서 수용되는 사례를 일괄해서 제시하면 다음과 같다.

일본의 민담	한국의 민담
칼럼, 식품회사명, 식당명(레스토랑명, 선술집), 도시락 가게명, 일본 전통과자명, 유아용 장난감명, 회사명, 온천장 상호, 사진관명, 고속버스명, 과자전문점명, 미술관명, 계란농장의 상호, 공방명, 미용실명, 쌀이름, 상품권명, 풍속사업명, 꽃가게명, 토양개선제상품, 여관명, 관광업체명, 택배회사, 노인요양원명, 전통주명, CM제목, 버스회사명, 부동산투자회사명, 사탕이름, 자연농원명, 인터넷마작사이트명, 만화명, 생선명	주식투자 칼럼, 보험회사 상품 소개, 식당명, 펜션명, 종합쇼핑몰명, 배경마을사업명, 스낵과자명, 복지사업명, 여성가사도우미 파견회사명, 농장명, 회사명, 주방가전제품명, 친환경 청소전문 업체명, 야구배트명, 가시오이명, 전통수공예품명, 장식소품명, 기념품명, 불교용품명, 장터 행사명, 한의원명, 친환경사과명, 투자클럽명, 쌀이름, 화장품 캐릭터, 약국명, 손세차장명

위에 정리한 내용을 일본에만 있는 것, 한국에만 있는 것, 한국과 일본에 모두 있는 것으로 분류하면 다음과 같다.

일본에만 있는 것	한국에만 있는 것	일본과 한국에 모두 있는 것
칼럼, 식품회사명, 도시락가게명, 전통과자명, 장난감명, 온천장 상호, 사진관명, 고속버스명, 과자전문점명, 미술관명, 계란농장의 상호, 공방,	칼럼, 광고명, 펜션명, 쇼핑몰명, 배경마을사업명, 스낵과자명, 복지사업명, 파견회사명, 주방가전제품명, 청소전문업체명, 사회인 야구 배트명,	식당명, 칼럼, 회사명, 농장명,

미용실명, 상품권명, 풍속사업명, 꽃집명, 토양개선제 상품, 여관명, 관광업체명, 택배회사명, 노인요양원명, 전통주명, CM명, 버스회사명, 부동산투자회사명, 사탕이름, 자연농원명, 인터넷마작사이트명, 만화명, 생선명	가시오이명, 전통수공예품명, 장식소품, 기념품명, 불교용품명, 장터행사명, 한의원명, 사과명, 투자클럽명, 쌀이름명, 약국명, 손세차장명	

위의 표를 보면 일본과 한국에 모두 있는 것은 4개에 불과하며 일본이 한국보다 훨씬 다양하고 광범위하게 민담이 경제 분야에서 수용되는 것을 확인할 수 있다. 그리고 같은 '칼럼'으로 분류를 하였지만, 일본에서는 비즈니스의 활로를 찾기 위해서, 창업 인구의 육성이라는 정책을 비판하기 위해서, 경제적 악순환의 이유를 찾기 위해서, 성공적인 창업을 위해서, 입사시험의 문제로, 최신 마케팅 전략의 일환으로, 성공적인 부동산 투자를 위해서, 애완용동물의 산업적 가치를 강조하기 위해서 민담을 수용하는 것을 볼 수 있었다. 한국의 캐피탈이나 보험상품, 주식투자와 같은 한정된 분야에만 민담이 채택되는 한국의 실정과는 매우 대조되는 모습이다. 위에서 제시된 한국의 실정이 우리 한국사람들이 민담의 가치를 모르고 있기 때문이거나 그 가치를 무시하기 때문이거나 아니면 그 둘 중의 하나라고 생각한다.

자연 생태계가 모두 연결되어 있듯이 일본사정과 한국사정이 서로 동떨어져 있는 것이 아니라 서로 연결되면서 상호작용을 한다면, 우리는 경제 분야에서 민담을 매우 다양하고 광범위하게 민담을 수용하는 일본의 사례를 적극 검토하고 수용할 것이 있다면 수용하는 것이 자연적이라고 본다. 우리 한국사회가 미처 생각지도 못한 문제를 해결하거나, 독창성을 발휘할 수 길이 열릴 것이기 때문이다(물론 그 반대도 성립된다. 예를 들어 일본에서 한국의 둘렛길을 벤치마킹한 사례를 들 수 있다). 예를 들어 지역 브랜드명이나 지역 특산물명(농수산물), 전통시장명이나 지역행사명을 찾기 위한 일환으로 특정 지역에 존재하는 특유의 민담을 채택하려는 노력을 기울여야 할 것이다. 저자는 이러한 노력이 이미 한국사회에서 많이 행해지고 있다고 보지만, 그것에 안주할 것이 아니라 일본의 사례를 적극적으로 탐구하는 자세를 취할 필요가 있다고 본다. 민담의 제목 속에는 예를 들어 콩쥐팥쥐와 같은 민담에 나오는 등장인물을 각색하여 산신령을 일종의 전문가, 적립식 투자방법을 콩쥐식 투자방법으로 비유하여 고객에게 펀드상품을 이해시키고자 한 예는 훌륭한 예라고 할 수 있다. 제목 속에 이야기가 들어 있으므로 ,민담의 제목을 잘 응용하면 특정 분야의 운용 방식에 대한 참신한 발상도 아울러 딸려올 것이라 본 저자는 생각한다.

8.6.3 사회 분야의 비교

일본의 민담이 사회 분야에서 수용되는 사례를 잘 살펴보면 우선 첫째로 '노인문제'가 많이 등장하는 것을 알 수 있다. 아동은 줄고 노령자가 증가하는 초고령화 사회에 진입한 것이다. '노인버리는산'의 부활을 주창한 유명 코미디언 비트다케시 씨의 풍자를 통해 일본사회의 심각한 고민을 들여다 볼 수 있다. 그와 관련하여 요양시설로 인한 가족 간의 단절 문제, 경제적 여력이 없는 노인들의 교외 잔류, 후기고령자임종상담지원료로 인한 세금부담의 가중, 노인들의 고독사라는 이 모든 사회문제가 '노인버리는산'으로 비유되고 있다. '긴타로'라는 이름으로 오사카부 도요

나카 시에서 '데이서비스긴타로' 사업이 펼쳐지기도 한다. 거동이 어려운 노인들을 보살펴주는 사업이다. 또한 3.11 일본대지진후 후쿠시마에 거주하던 일본 국민들이 다른 현으로 이주하는 바람에 노령자들만 남게 되고 후쿠시마가 거대한 '노인버리는산'이 되어 버린 현실도 실감할 수 있었다. 해마다 30만 명의 여성이 임신중절 수술을 받는 현실도 '노인버리는산'의 민담을 통해서 충분히 실감할 수 있다. 둘째, 민담의 수용에 '근검절약'의 정신이 관계하기도 한다. '볏집장자'가 주로 채택되는데, 그 내용을 들여다보면 현금을 매개로 하지 않은 물물교환사이트, 인터넷을 통해 부자가 된 남자의 이야기, 무일푼으로 세계일주 항공권을 획득한 이야기, 경마권을 싸게 구입할 수 있는 사이트명(제목)이 모두 '볏집장자'이다. 셋째, 민담의 수용에 인간적인 온정이 관계하고 있음을 알 수 있다. '꽃을피운할아버지'를 통해 인간관계가 살벌해져 가는 세계인들의 마음을 일본인들이 치유해자고 역설한 칼럼이 이에 해당한다. 넷째, 지역발전이다. 사양화되어 가는 지역에 새로운 활기를 불어넣자는 방안으로 숯산업을 부활하자는 주장이 '숯쟁이부자'라는 민담과 관련하여 나온 점이 이를 뒷받침한다. 마지막으로 기타인데, '우라시마타로'에 대한 일본 여성들의 시각, '우라시마타로'가 헐리웃 영화로 제작되었을 때 이에 대한 의식조사 같은 것은 민담을 통한 일본인 청년들의 내면의식을 살펴볼 수 있는 좋은 예라고 할 수 있다.

이상 살펴본 내용을 민담별로 다시 정리하면 다음과 같다.

일본 민담	수용 사례
노인버리는 산	노인문제에 대한 비트다케시 씨의 풍자, 요양시설로 인한 가족간의 단절문제, 경제적 약자인 노인들의 교외 잔류 문제, 세금부담의 가중, 후쿠시마의 암울한

		현실, 연간 30만명의 임신중절
주먹밥		없음
볏집장자		물물교환사이트, 인터넷을 통해 부자가 된 남자의 이야기, 무일푼으로 세계일주 항공권을 획득한 이야기, 경마권을 싸게 구입할 수 있는 사이트
가구야공주		없음
꽃을피운할아버지		세계시민들에 대한 온정
숯쟁이부자		지역 발전에 기여
학의보은		2건 확인할 것
긴타로		일일요양원(데이서비스긴타로)사업
모모타로		없음
우라시마타로		일본 청년들의 내면의식

위의 내용들을 보면 '노인버리는 산'과 '볏집장자'가 일본의 사회 분야에서 수용되는 사례가 가장 많은 것을 알 수 있다. '노인버리는산'은 주로 암울한 현실 문제를 조명하기 위하여, '볏집장자'는 '근검절약'을 조명하기 위해 채택되는 것을 볼 수 있다.

이번에는 한국의 민담이 사회 분야에서 수용되는 사례를 보기로 한다. 먼저 '혹부리영감'이 침샘 질환으로 인한 혹이 생성되는 종양을 앓다가 수술을 받은 후 완쾌한 남자 환자가 '혹부리영감'으로 비유된 것을 들수 있다. 불법 성형을 하다가 부작용을 가져온 어떤 사람의 이야기가 '혹부리영감'으로 비유되는가 하면, '홍부와놀부'에 대한 현대사회의 재해석이 이루어지기도 하였다. '콩쥐팥쥐'는 어느 계모에 의한 아동학대 사망사건, 안현수 사건에 비유되기도 하고, 급기야는 '콩쥐팥쥐'라는 도로 이름을 선점하기 위해 지역 간의 분쟁이 촉발되기도 하였다. '효녀심청'은 가천문화재단에서 매년 실시하는 효행상의 이름으로 채택되기도 하며,

대창요양원의 현대판 '효녀심청'의 사연이 한국사회에 심금을 울리기도 하였다. '우렁각시'는 가사노동을 하는 가정주부의 존재를 부각시키기 위해 비유가 되었으며, 독거노인 위문활동을 위한 프로젝트명으로 채택되기도 하였다. '도깨비방망이'의 경우 초능력적인 이미지에 걸맞게 나눔과 희망을 나누는 프로젝트, 청소년희망만들기 프로젝트의 이름으로 채택되기도 하였다. 세월호에 탑승했던 학생들의 고통스런 참상을 전달하기 위하여 '에밀레종'이 채택되기도 하였다. '의좋은형제'는 그 이미지에 걸맞게 충남 예산군에서 실시하는 사회봉사 활동을 위해 이름으로 채택되기도 하였다. 마지막으로 '청개구리'는 기독교교단에서 신자들의 회개운동의 일환으로 채택되기도 하였다.

이상 살펴본 내용을 민담별로 정리하면 다음과 같다.

한국 민담	수용 사례
혹부리영감	종양을 앓다가 완쾌한 환자
흥부와놀부	흥부와 놀부 인물에 대한 현대사회의 재해석
콩쥐팥쥐	아동학대사망 사건, 안현수 사건
효녀심청	가천문화재단의 효행상명, 대창요양원의 사연
별주부전	없음
우렁각시	가사노동자인 가정주부의 역할 부각
도깨비방망이	나눔과 희망을 나누는 프로젝트, 청소년 희망 만들기 프로젝트
에밀레종	세월호에 탑승한 학생들의 고통스런 참상
의좋은 형제	충남 예산군의 사회봉사활동
청개구리	기독교교단의 회개운동

일본과는 달리 한국 민담은 골고루 사회 분야에서 수용되는 것을 볼

수 있다. '콩쥐팥쥐'와 '에밀레종'의 경우 주로 부정적인 사회현상에, '도깨비방망이'와 '의좋은 형제', '효녀심청'은 긍정적인 사회현상을 설명하는 데에 수용되는 것을 확인할 수 있다. '청개구리'는 자체의 부정적인 내용이 회개운동이라는 긍정적인 사회 분위기 조성으로 채택되는 것이 흥미롭다.

이상 살펴본 내용을 일괄해서 정리하면 다음과 같다.

일본의 민담	한국의 민담
노인문제, 요양시설, 노인주거문제, 세금문제, 지역문제, 임신중절문제, 근검절약, 세계인에 대한 온정, 지역발전, 일본청년들의 내면의식	종양환자, 민담 인물에 대한 현대사회의 재해석, 아동학대사망사건, 안현수사건, 효행상명, 요양원의 사연, 가정주부의 역할 부각, 사회봉사활동, 세월호참상, 회개운동

일본사정과 한국사정이 서로 연결되면서 상호작용을 하는 것이라면 우리는 민담을 계기로 일본의 사회분야에서 발생하는 노인문제, 요양시설, 노인주거 문제, 그에 따른 세금부담의 증가, 임신중절문제, 지역발전 등을 유심히 지켜볼 필요가 있다. 왜냐 하면 한국사회에서도 이들 문제가 얼마든지 일어날 수 있으며 지금 현재 일어나고 있을지도 모르기 때문이다. 우리들의 독자적인 노력으로 이들 문제를 해결할 수도 있지만, 일본의 사례를 곰곰이 관찰하면서 그 문제점과 해결방안을 한국의 실정에 맞게 강구해 볼 수 있다. 물론 그 역도 성립한다.

8.6.4 문화 분야의 비교

일본의 민담이 문화 분야에서 수용되는 사례부터 보도록 하자. 먼저 민담이 도서로 출간되는 경우이다. 본서에서 거론된 민담은 모두 도서(소설책, 동화책, 그림동화책)의 방식으로 일본인들에게 세대에서 세대로 전승된다. 본서에서 다루는 모든 민담들이 소설이나 동화, 혹은 그림동화의 방식으로 여러 세대에 걸쳐 읽혀지는 것을 볼 수 있다. 둘째, 민담이 그림이나 애니메이션, 비디오의 방식으로 전승되는 경우이다. 대부분의 민담들이 이러한 방식으로 전승되는 것을 볼 수 있다. 셋째, 민담이 인터넷을 통해서 음악(가요, 동요, 오페라), 연극(일반연극, 인형극, 종이연극, 가부키), 애니메이션 영화, 일반 영화, 도큐멘터리 영화로 전승되기도 한다. 모든 민담들이 동요로 제작되어 불려지고 있으며, '가구야공주'와 같이 영화 제작, 연극, 기타 찻집에서 음악 애호가들이 모여 공연을 하는 동인이 되기도 하고 가수명으로 채택되기도 한다. '꽃을피운할아버지'의 경우는 오페라로 공연이 되기도 한다. '학의보은'이 도큐멘터리 영화로 제작되기도 하였다. 또한 가부키 배우인 에비구라씨가 문화촌에서 '꽃을피운할아버지'를 제목으로 한 신작 가부키 공연을 하기도 하였다. 넷째, 민담이 게임의 방식, 애플리케이션으로 전승되는 경우도 있다. 예를 들어 '주먹밥', '볏집장자', '학의보은' 등의 민담들을 주제로 무료게임기가 개발되었다. '학의보은'을 감상하기 위한 애플리케이션이 개발되기도 하였다. 다섯째, 민담이 현대 일본 청년들의 모험을 촉발하는 경우도 있다. 예를 들면 '볏집장자'가 동인이 되어 대학생들이 미국횡단을 감행한 것을 들 수 있다. 여섯째, 민담이 신심의 노하우 탐구로 활용되는 경우도 있다. 어느 종교 연구소에서 '볏집장자'에 나오는 이야기를 분석하여 신심의 원리를 밝히고자 한 예가 바로 그것이다. 여섯째, 민담이 우주과학 영역에서 수용되는 경우도 있다. 예를 들어 일본에서 발사한 달 위성의 명칭으로 '가구야'가 채택된 것을 들 수 있다. 일곱 번째, 민담이 예술 영역(인형제작, 목공예, 공방)에서 수용되기도 한다. 예를 들어 '가구야공주'라는 원화전이 개최된 사례를 들 수 있다. 여덟 번째, 민담이 식생활에 영향을 끼치기도 한다. 예를 들어 '주먹밥'이 캐릭터 도시락을 제작하는 주부 동호회명으로 채택되기도 하고, 일상에서의 먹거리를 소개하는 사이트명으로 채택되기도 한다. 또한 '긴타로'의 주인공인 긴타로가 얼굴이 들어간 과자(쿠키)가 가정에서 만들어지기도 한다. 아홉 번째, 민담이 자연보호 운동에 기여하는 경우가 있다. 예를 들어 '꽃을피운할아버지'를 제목으로 구시로강 유역의 생태적인 환경을 보존하기 위해 매년 초등학생들이 묘목을 심는 행사가 열린다. '학의보은'이 동물보호를 위한 도큐멘터리 영화로 제작되는가 하면, 홋카이도에 서식하는 학과 습지 보호를 위한 캠페인 활동으로 '학의보은'이라는 이름이 채택되기도 한다. 열 번째, 민담이 일반행사로 활용되는 경우도 있다. 예를 들어 사가미오노 광장에서 매년 '학의보은'을 주제로 한 '봄감사행사'가 개최된다. 열한 번째, 민담이 학습법에 영향을 미치기도 한다. 예를 들어 '학의보은'의 내용에 기반하여 학습법이 개발되기도 하였다. 열두 번째, 민담이 지역관광을 홍보하는 수단으로 활용되기도 한다. 예를 들어 '긴타로' 전설의 발상지인 미나미아시카라 시가 관광 목적으로 홍보되기도 하였다. 열세 번째, 민담이 환자의 치료를 위해 활용되는 경우도 있다. 예를 들어 '학의보은'의 이야기를 구성하는 금기가 인간의 강박관념 치료를 위해 채택되기도 하였다. 마지막으로 민담이 민속학 연구나 기타 연구로 채택되기도 한다. 예를 들어 '숯쟁이부자', '학의보은'이나 '긴타로'의 주인공이 민속학 연구의 대상이 되기도 하고 '숯쟁이부자'에 등장하는 지명이 연구되기도 하였다. 또한 '학의보은'이 애틋한 남녀 사랑의 심리구조를 연구하는 동인이 되기도 하였다. '우라시마타로'의 경우, 사적으로도 많이 남아 있어 지역연구에도 기여하고 있다.

이상 살펴본 내용을 민담별로 다시 정리하면 다음과 같다.

일본 민담	수용 사례
노인버리는 산	영화로 제작됨. 도서로 출간됨, 동요, 애니메이션
주먹밥	아동교육 연극, 종이연극, 캐릭터 도시락, 식생활 아이콘, 인터넷동화, 도서
볏집장자	애니메이션, 동요, 도서, 무료게임, 미국횡단의 동인이 됨. 근검절약, 신심
가구야공주	소설, 동요, 역사연구, 영화, 연극, 예술, 관광, 우주탐사에 영향을 미침. 가수그룹명으로 활용됨.
꽃을피운할아버지	신작 가부키로 공연됨. 오페라로 공연됨. 구시로강 식수 행사로 활용됨.
숯쟁이부자	지명 홍보(관광홍보)로 활용됨. 인물 연구의 대상이 됨.
학의보은	인형극, 애니메이션 있음. 학습법으로 활용됨. 도큐멘터리 영화로 제작됨. 자연보호 캠페인으로 활용됨. 무료게임으로 활용됨. 강박관념 치료로 활용됨. 남녀사랑의 심리구조 해석에 활용됨. 일반행사 주제로 활용됨. 모형 제작으로 활용됨. 학과 습지 보호 캠페인으로 활용됨. 민속학적 연구 대상이 됨. 애플리케이션으로 만들어짐.
긴타로	동요와 애니메이션 있음. 지역관광 홍보로 활용, 긴타로 얼굴이 들어간 과자로 만들어짐. 민속학적 연구 대상이 됨.
모모타로	없음
우라시마타로	사적이 많이 남아 있으며, 관광홍보로 활용

위의 표를 보면 문화 분야에서 가장 광범위하게 수용되는 민담은 '가

구야공주'와 '학의보은'인 것을 알 수 있다.

　그 다음으로 한국의 민담이 문화 분야에서 수용되는 사례를 살펴보도록 하자. 먼저 '혹부리영감'이 일본에서 전래되었다는 연구를 들 수 있다. 또한 '혹부리영감'이 어린이 뮤지컬로 공연되기도 하고, 소극장에서 연극으로 공연되기도 하였다. 구연동화를 통해 어린이들의 감수성을 길러주기 위한 모티브가 되기도 하였다. '혹부리영감'은 게임의 교육적 효과를 증진하기 위한 콘텐츠로 활용되기도 하였다. 서울에서 열리는 축제에서는 혹부리 영감을 모티브로 한 작품들이 전시되기도 하였고, 개그 소재로 활용되기도 하였다. '흥부와놀부'가 비교문학적 관점에서 연구 대상이 된 경우도 있었다. 창작 오페라, 연극, 뮤지컬, 인형극으로 활용되기도 하였다. '콩쥐팥쥐'는 애니메이션으로 제작되었으며, 영어교육을 위한 전래동화로 활용되기도 하였다. 나아가 뮤지컬, 전통마당놀이극, 색칠놀이, 전통한지공예체험, 스토리텔링으로 활용되기도 하였다. '콩쥐팥쥐'는 융의 심리학을 기반으로 한 분석심리학의 분석 대상으로 활용된 경우도 있다. '효녀심청'은 애니메이션으로 제작되었으며, 소리동화, 어린이 뮤지컬, 판소리의 모티브가 되기도 하였으며, 곡성 지방을 알리기 위한 효도문화 축제의 모티브가 되기도 하였다. 현대사회에서 전통문화의 정신, 즉 효도라는 전통문화를 계승하고자 하는 일환으로 '효녀심청' 공모전이 개최되기도 하였다. 오페라로 제작되기도 하였으며, 가요로 만들어지기도 하였다. 별주부전은 애니메이션으로 제작되었으며, 문화체육관광부가 주최한 동화콘서트, 어린이 인형극, 가족 뮤지컬, 마당놀이, 판소리, 주부들이 살아가는 모티브가 되기도 하였다. 개그 프로그램의 소재가 되기도 하고, 낚시 게임의 소재, 비토섬의 테마파크로 활용되기도 하였다.

'우렁각시'는 충남 공주시에서 개최하는 계절 축제의 테마가 되기도 하고, 첨단과학을 소개하는 웹툰의 타이틀이나 개그, 드라마, 다큐프로그램의 소재가 되기도 한다. '도깨비방망이'를 소재로 한 인형극이 제작되기도 하였으며, 가요의 타이틀로 활용된 경우도 있다. 3D 프린터의 별명이 되기도 한다. '에밀레종'의 경우, 과학교육인 맥놀이 지도에 활용되기도 하며, 에밀레종 자체의 특성을 알리는, 즉 과학사 연구의 대상이 되기도 한다. 박물관의 체험학습 소재로 활용되며, 창작 오페라, 민족신문의 기사가 되기도 한다. '의좋은형제'는 오페라, 축제, 효제비가 유형문화재로 지정되는 모티브가 되기도 한다. 이세령 씨의 종이조형의 소재가 되기도 하며, 공원의 명칭, 연탄북송예배의 소재로 수용되기도 한다. '청개구리'는 농촌체험으로 활용되기도 하고, 학교폭력과 왕따를 방지하기 위한 프로그램 운영의 모티브가 되기도 하며 대중음악의 제목이 되기도 한다.

이상의 내용을 민담별로 정리하면 다음과 같다.

한국 민담	수용 사례
혹부리영감	일본 전래설, 어린이 뮤지컬, 연극, 구연동화, 교육콘텐츠, 서울 연등 축제, 개그소재
흥부와놀부	비교문화의 연구 대상, 창작 오페라, 연극, 뮤지컬, 인형극
콩쥐팥쥐	애니메이션, 영어교육을 위한 전래동화, 뮤지컬, 전통마당놀이극, 색칠놀이, 전통한지공예 체험, 스토리텔링, 분석심리학의 분석 대상
효녀심청	애니메이션, 소리동화, 어린이뮤지컬, 판소리, 효도문화 축제, 공모전, 오페라, 가요
별주부전	애니메이션, 동화콘서트, 어린이 인형극, 가족 뮤지컬, 마당놀이, 판소리, 주부들의 토크 모티브, 비토섬의 테마파크, 낚시게임, 개그 프로그램
우렁각시	계절 축제의 테마, 웹툰 타이틀, 개그, 드라마, 다큐프로그램의 소재
도깨비 방망이	3D 프린터의 별명, 가요의 제목, 인형극

에밀레종	맥놀이 지도, 박물관 체험학습, 창작 오페라, 민족신문의 기사, 과학사
의좋은 형제	연탄북송예배의 소재, 공원 명칭, 종이조형의 소재, 오페라, 축제, 유형문화재 지정에 관여
청개구리	농촌체험, 학교폭력 및 왕따 방지 프로그램, 대중음악

위의 표를 보면 문화 분야에서 민담을 수용하는 사례가 민담별로 골고루 나타나는 것을 알 수 있다.

이상 살펴본 한국과 일본의 민담을 일괄해서 정리하면 다음과 같다.

일본의 민담	한국의 민담
영화 제작, 도서, 애니메이션, 아동교육 연극, 종이연극, 캐릭터 도시락, 식생활 아이콘, 인터넷 동화, 무료게임, 동요, 여행(미국횡단), 근검절약, 신심, 소설, 역사 연구, 연극, 예술, 관광, 우주탐사, 가수그룹 명칭, 가부키, 오페라, 식수행사, 관광 홍보, 인물 연구, 인형극, 학습법, 도큐멘터리 영화, 자연보호캠페인, 무료게임, 강박관념 치료, 남녀 사랑의 심리구조, 일반행사의 주제, 모형 제작, 습지 보존, 민속학 연구, 애플리케이션, 과자, 사적	일본 전래설, 뮤지컬, 어린이 뮤지컬, 오페라, 연극, 인형극, 영어교육, 전통마당놀이극, 색칠놀이, 연등축제, 한지공예, 스토리텔링, 개그소재, 분석심리학, 애니메이션, 공모전, 가요, 동화콘서트, 판소리, 주부토크쇼, 테마파크, 낚시게임, 웹툰 타이틀, 다큐프로그램, 3D 프린터의 별명, 맥놀이지도, 신문기사, 과학사, 박물관 체험학습, 예배, 공원 명칭, 종이조형, 유형문화재, 농촌체험, 학교폭력 및 왕따 방지 프로그램

일본에서는 민담이 영화, 종이연극, 캐릭터 도시락, 식생활 아이콘, 여행, 근검절약, 신심, 소설, 우주탐사, 가수그룹 명칭, 가부키, 식수행사, 관광홍보, 인물연구, 학습법, 다큐멘터리 영화, 자연보호 캠페인, 강박관념 치료, 남녀 사랑의 심리구조, 습지 보존, 민속학 연구, 애플리케이션, 과자, 사적 등의 문화 분야에서 수용된다.

한편, 한국에서는 민담이 일본 전래설, 뮤지컬, 영어교육, 전통마당놀이, 색칠놀이, 연등축제, 한지공예, 스토리텔링, 개그소재, 분석심리학, 공모전, 가요, 동화콘서트, 판소리, 주부토크쇼, 테마파크, 낚시게임, 웹툰 타이틀, 3D 프린트, 과학사, 맥놀이지도, 신문기사, 과학사, 박물관 체험학습, 예배, 공원 명칭, 종이조형, 유형문화재, 농촌체험, 학교 폭력 및 왕따 방지 프로그램 등의 분야에서 수용되는 것을 볼 수 있다.

도서, 애니메이션, 연극, 예술, 관광, 인형극 등은 한국과 일본 민담 모두 문화 분야에서 수용되는 것을 볼 수 있다.

인구 대비 문화 분야에서 민담이 수용되는 비중이 한국이 훨씬 높은 편이지만, 범위는 일본이 훨씬 넓은 것을 알 수 있다. 우리가 지금까지 민담의 가치를 몰랐거나 그 가치를 폄하해 왔다면, 이를 계기로 일본의 사례를 한국의 사정에 맞춰 벤치마킹하거나 부분적으로 수용할 필요성이 있다고 필자는 생각한다.

8.7 맺음말과 연구 기대효과

제8장에서는 민담을 통한 일본사정과 한국사정이 어떠한 점에서 유사하며, 혹은 차이점이 나는지에 대해서 살펴보았다. 자연 생태계가 모두 연결되어 상호작용을 하듯이, 일본사정을 들여다보고 나아가 한국사정과 비교함으로써 우리 한국사회의 발전을 위한 토대가 되거나 실제로 공헌하는 바가 있어야 한다고 생각한다.

본 연구를 통해 다양한 기대효과가 발생할 것이라 필자는 생각한다. 본 연구는 한국사정과 일본사정을 비롯한 문화사회학, 문화인류학에 기여하는 바가 크며, 문화사업의 근간을 이루는 창조문화산업과 문화융합을 꾀할 수 있는 매우 중요한 과제가 될 수 있을 것이라고 기대한다. 본 연구가 성공적으로 수행되면 연구 결과를 통해 상당한 학문적·사회적 기여가 예상되고 연구 과제의 활용과 그 파급 효과도 매우 클 것으로 예상된다. 그리고 일본문화교육, 한국문화교육, 사회학과 같은 다양한 학문적 성과를 촉진할 가능성이 높을 것이다.

구체적으로 언급하면 우선, **본 연구는 한·일 양국 간의 공감대 형성과 상호이해를 위한 충분한 접근 방식이 될 수 있다.** 본 연구에서는 민담이라는 전통문화콘텐츠를 매개로 하여 한국과 일본의 정치, 경제, 사회, 문화를 고찰하기 때문에 일본에 대한 깊은 이해와 공감대를 이끌어낼 수 있다. 예를 들어 연금문제나 노인복지문제 등은 양국 모두가 안고 있는 사회적 문제이므로 양국이 공감할 수 있는 문제이며 또한 앞으로 계속해서 관심을 가져야만 하는 문제이다. 또한 민담의 수용 양상에 나타나는 차이를 살펴봄으로써 한국사정과 일본사정의 상호이해가 가능해질 것이다.

둘째, **민담이라는 전통문화콘텐츠를 매개로한 한국과 일본의 심층문화 이해가 가능해진다.** 본 연구가 성공적으로 수행되면 한국과 일본의 정치, 경제, 사회, 문화 분야에서 수용된 특정 민담을 통해 한국과 일본사회에 내재된 심층문화를 이해하기가 매우 용이해질 것이다. 여기에서 말하는 심층문화란 표면적으로 드러나지 않는 그들만의 사고방식, 문제를 대하거나 해결하는 방식, 집단지성, 집단심리, 가치관, 인생관 등을 말한다.

셋째, **민담을 수용하는 다양한 경제 생태계를 파악할 수 있게 된다.** 민담을 알면 우리는 일본의 다양한 경제 생태계를 유기적으로 이해할 수 있을 것이다. 예를 들어 '가구야공주'를 통해 온천장 상호, 전통부채 공장, 초밥 가게, 향토요리 전문점, 사진관, 고속버스, 과자가게, 미술관, 계란농장, 관광버스, 공방, 미용실, 쌀, 상품권, 풍속사업 등의 다양한 분야가 하나의 상호로 사용되는 것을 알 수 있었다. 경제 분야에서의 민담 수용 양상을 통해 민담이 유무형의 재화 및 서비스에 활용된다는 점을 단서로, 일본이나 한국의 복잡한 경제 흐름과 산업화를 유기적으로 이해를 할 수 있다.

넷째, **민담을 통하여 한국과 일본의 사회적 문제를 비교하고 해결책을 모색할 수 있다.** 예를 들어 '노인버리는산'을 통해 소외받는 일본 노인들의 현실을 이해할 수 있고, 오늘날 후쿠시마가 처한 실상도 이해할 수 있다. 이 외에도 약 30만 명의 일본 여성이 임신중절 수술을 받고 있는 현실, 요양시설의 문제점, 도심지와 도심지 외곽에서 나타나는 문제, 후기고령자의료보험제도의 문제점, 고독사의 증가, 도회지의 소통구조에서 나타나는 제반 문제점 등을 이해할 수 있을 것이다. 이들 사례를 통해 현재 한국사회의 노인복지문제를 어떻게 해결할 수 있을지를 모색하고 장차 한국사회에서 발생할지도 모를 문제도 미리 예측할 수 있을 것으로 기대된다.

다섯째, **민담을 통하여 문화콘텐츠 개발이 활성화될 수 있다.** 민담을 통해서 우리는 일본의 문화 분야에서 일어나는 다양한 현상도 쉽게 이해할 수 있다. 예를 들면, '노인버리는산'이 도서, 영화, 애니메이션, 앱 등의 방식에 의해 차세대로 매우 활기차게 전승됨으로써 구전으로만 전해져 오던 기존의 방식에서 보다 강력한 매체를 통해 전승을 꾀하는 일본의 사회상을 발견할 수 있다. 또한, 민담이 비즈니스의 활성화에도 크게 기여함을 파악하게 될 것이다. 이는 민담이 다양하고 풍부한 문화콘텐츠 집합체임을 말해주는 것이다. 이러한 분석을 토대로 본 연구는 민담을 활용하여 문화의 개념을 확장시키면서 문화콘텐츠 산업 육성에 이바지할 계기를 제공해줄 수 있을 것으로 기대한다.

여섯째, 한국사회의 문제점 해결이나 발전을 도모하기 위한 실마리를 찾게 될 것이다. 한국과 일본의 민담 분석을 통해서 한국에는 없는 새로운 시점이나 접근 방식을 발견하게 될 것이다. 즉 본 연구가 곧 한국사회가 직면한 문제나 발전을 위해 유연하고 창조적인 해결책을 모색하는 계기를 제시해줄 것으로 기대한다.

참고문헌

갓켄붓슈 지넨히로코(知念寛子, 2008)「外来語研究の視点」『日本語教育と音声』, く
     ろしお出版.

고쿠리쓰고쿠고(国立国語研究所, 1995)『外来語の形成とその教育』, 大蔵省印刷局.

기도・구니코(木戸 久二子, 2014)「昔話『桃太郎』をめぐって」『東海学院大学短期大
     学部紀要』40, pp.19-23.

김병건(2015)「전래동화의 윤리미학적 내용분석과 유아들의 윤리미학적 요소에
     관한 미적 경험」경북대학교 대학원.

김봉령(金鳳齡, 2014)「昔話「桃太郎」に見られる洗濯する女の伝承について」『語学教
     育研究論叢』31, pp.61-76.

김영림(2003)「初等에서의 経済教育研究 : 민속놀이와 전래동화를 중심으로」제주
     대학교 교육대학원.

나가하타・도시미치(長畑俊道, 2012)「昔話理論の音楽授業への導 入の可能性をめ
     ぐって」『学校音楽教育研究:日本学校音楽教育 実践学会紀要』16, pp.146-147.

나카가와・히로타카 외(中川ひろたか外, 2013)「日本の昔話-さるじぞう」『おひさま』19(3),
     pp.73-80.

다니엘・롱(ダニエルロング, 2012)「3.地名」『日本語からたどる文化』, 放送大学教育
     振興会.

다카기・후미토(高木史人, 2015)「昔話を語るということ」『教育保育研究紀要』Journal
     of Education and Childcare 1, pp.54-66.

돌람 바이갈마(2015)「한・몽 전래동화의 비교 연구 : 초등교과서의 전래동화를
     중심으로」대구대학교.

모리야・시게야스 외(もりやしげやす外, 2015)「ひとつぶ昔話 いっきゅうさん」『お
     ひさま』21(2), pp.68-69.

미나미지마(南島地名研究センター, 2006)『地名を歩く』, ボーダインク.

미즈노・푸링(水野ぷりん外, 2015)「日本の昔話-とりのみじいさん」『おひさま』21(1), pp.53-60.

박옥화(2014)「전래동화 구연을 활용한 한국어문화교육 연구」배재대학교 교육대학원.

사사키・도시나오(佐々木俊尚, 2006)『グーグル Google』, 文春新書.

시바타・다케시(柴田武, 1987)『柴田武日本語エッセイ』, 大修館書店.

심지혜(2014)「전래동화를 활용한 무용예술통합교육이 초등학생의 정서 지능에 미치는 영향」공주대학교 교육대학원.

아키모토・미하루(秋元美晴, 2002)『よくわかる語彙』, アルク.

야구치・히로야스(矢口裕康, 2011)「保育・教育において昔話素材をどのように使うか」『南九州大学人間発達研究』1, pp.109-113.

야스이・이즈미(安井泉, 2010)『ことばから文化へ』, 開拓社.

오자와・도시오小沢俊夫(2014)「昔話の文法-桃太郎」『子どもと昔話』61, pp.20-25.

오카다・케스케(岡田啓助,2011)「花咲爺と雁取爺」『研究紀要』17, pp.1-10.

우도・레이코(有働玲子, 2012)「伝統的な言語文化の指導について : 昔話の読み聞かせの意義とその工夫」『言語技術教育』21, pp.52-55.

우메다・모치오(梅田望夫, 2006)『ウェブ進化論』, 文春新書.

유진(2015)「전래동화의 도덕적 갈등상황에 대한 토의활동 및 역할놀이가 유아의 도덕적 판단력과 도덕적 행동에 미치는 영향」서울여자대학교 교육대학원.

이가라시・나나에(五十嵐七重, 2012)「おおどしのきゃく : 日本の昔話」『こどものとも』, 1冊.

이가라시・히로아키(五十嵐大晃, 2012)「昔話「蛤女房」の一考察」『昔話伝説研究』31, pp.56-67.

이오암(2013)「여성 결혼이민자의 문화적응 스트레스 고찰과 해소 방안 연구」한국외국어대학교 대학원.

이은선(2010)「한국 전래동화에 나타난 변신 모티프의 구현 양상과 의미」경인교육대학교 교육대학원.

이케다 야스노 외(池田康乃外, 2015)「昔話の文法　三つのオレンジ」『子どもと昔話』63, pp.34-47.

이토 류헤이(伊藤竜平, 2010)「日本語教育と昔話紙芝居」『昔話伝説研究』30, pp.84-97.

이효숙(2012)「한국어교육에서의 효율적인 발음교육 방안 연구」인하대학교 대학원.

전수희(2011)「전래동화를 활용한 과학활동이 유아의 문제해결력에 미치는 영향」

한국교원대학교 교육대학원.

진노우치・마사타카(陣内正敬, 2007)『外来語の社会言語学』, 世界思想社.

천호재(2007)「일본 옛날이야기를 이용한 일본어강독 수업 방안」『日本語学研究』 19, pp.163-187.

천호재(2011)『인터넷 일본어교육의 가능성과 연구 방법』, 한국문화사

천호재(2013)『언어의 이해』, 어문학사.

천호재(2014a)「오야지개그(おやじギャグ)의 언어적 고찰」『日語日文学』61, 123-139.

천호재(2014b)「일본어 외래어의 사회언어학적 연구-여성 패션 외래어를 중심으로」『日本文化研究』50, 347-367.

천호재(2014c)『일본문화의 이해와 일본어교육』, 역락.

천호재(2014d)「일본 백화점에 입점한 점포의 상호 표기 자종 분석」『日本文化論叢』14, 21-46.

천호재(2015)『일본의 음식문화와 레토릭』도서출판 책사랑.

천호재・이은선(2010)『일본어교육의 다각적 연구 방법을 위한 다양한 시론』한국문화사.

하야노・미치요(早野美智代外, 2013)「日本の昔話かぐやひめ」『おひさま』19(4), pp.65-72.

황다혜(2015)「스토리텔링 기법을 활용한 전래동화 교육활동이 유아의 과학적 문제해결력에 미치는 효과」광주교육대학교 교육대학원.

후지타・히로코(藤田浩子, 2013)「「馬鹿息子」の住みにくい世の中 : 昔話が教える日本人の寛容度」『子どもの文化』45(10), pp.10-16.

후지・가오루(藤かおる, 2014)「日本の民話(10)青森 本格昔話(正月の民話)」『子どものしあわせ:母と教師を結ぶ雑誌』755, pp.60-65.

후쿠다・다카시(福田孝,2013)「古典教材としての『竹取物語』」『全国大学国語教育学会発表要旨集』125, pp.369-372.

저자 천호재

- 현재 계명대학교 인문국제대학 일본어문학과 교수
- 일본 東北大学校大学院 문학연구과 문학박사학위(Ph.D)를 취득
- 한국일어일문학회, 대한일어일문학회 편집이사

언어문화로 본 일본사정의 이해

초판 1쇄 발행 2016년 8월 26일
초판 2쇄 발행 2021년 2월 15일

저 자 천호재
펴낸이 이대현

책임편집 임애정
편   집 이태곤 권분옥 문선희 강윤경 김선예
디 자 인 안혜진 최선주
마 케 팅 박태훈 안현진
펴 낸 곳 도서출판 역락
　　　　　서울 서초구 동광로 46길 6-6 문창빌딩 2층
전화 02-3409-2058(영업부), 2060(편집부)
팩시밀리 02-3409-2059
이메일 youkrack@hanmail.net
홈페이지 www.youkrackbooks.com
등록 1999년 4월 19일 제303-2002-000014호
ISBN 979-11-5686-590-2 93300

정 가 12,000원
*파본은 교환해 드립니다.

* 이 도서의 국립중앙도서관 출판시도서목록(CIP)은 서지정보유통지원시스템 홈페이지(http://seoji.nl.go.kr)와 국가자료공동목록시스템(http://www.nl.go.kr/kolisnet)에서 이용하실 수 있습니다.(CIP제어번호 : CIP2016020182)